Gartenteiche

planen, anlegen und pflegen

Hans-Werner Bastian

Gartenteiche
planen, anlegen und pflegen

Inhalt

Teichplanung

Kleingewässer im Garten müssen naturgerecht
angelegt werden, damit Pflanzen und Tiere sich darin
heimisch fühlen können

Ökologische Gärten holen ein Stück Natur zurück

Gärten sind ein Spielgelbild der Lebenseinstellung ihrer Besitzer. Wo früher kurzgeschnittener englischer Rasen und akkurat ausgerichtete Rabatten das Bild bestimmten, versuchen Gartenfreunde einer neuen Generation, mit Wildblumenwiesen, Teichen und ökologisch bewirtschafteten Beeten der Natur ein wenig Lebensraum zurückzugeben.

Vorbei die Gartenära, die das gesamte Hausgrundstück einem penibel aufgeräumten Wohnzimmer gleichmachte. Wenn heute über den Gartenzaun hinweg gefachsimpelt wird, geht es immer seltener um Tips zur chemischen Unkraut- und Schädlingsbekämpfung. „Wir haben einen Frosch im Teich" – „Die Erdhummeln sind wieder da" – „Unter dem Garagendach nistet ein Rotschwänzchen" – so oder so ähnlich lauten die Erfolgsmeldungen der neuen Gartenbegeisterten.

Ökoinseln helfen bedrohten Arten zu überleben

So mancher fortschrittsgläubige Zeitgenosse schüttelt zwar mitleidig den Kopf, wenn sein Nachbar sich müht, aus 100 m² Reihenhausgarten ein Refugium für Singvögel, Frösche und Schmetterlinge zu machen, doch die Erfolge geben den Naturschützern recht.

Tatsächlich gelingt es, durch grüne Ökoinseln selbst in der Großstadt Lebensräume für bedrohte Arten zu schaffen. Zwar kann dieses private Engagement kein Ersatz für den dringend benötigten Naturschutz im Großen sein, es hilft aber, einem überfälligen Umdenken den Weg zu bereiten.

Private Öko-Projekte werden mittlerweile auch aus verschiedenen öffentlichen Kassen aktiv gefördert. So gibt es in einigen Kommunen Zuschüsse für die Begrünung von Häusern. Auch für Naturteiche, Vogelhecken und ähnliche Projekte können Sie teilweise Unterstützungen bekommen. Auskünfte erteilen die Informationsstellen der Rathäuser.

Auch in einem relativ kleinen Gartenteich läßt sich bei naturnaher Gestaltung eine artenreiche Flora und Fauna ansiedeln. Das bedeutet aktiven Naturschutz

Wertvolle Pflanzen wie die gelb blühende Sumpfdotterblume fühlen sich am Ufer eines naturnahen Teichs ausgesprochen wohl und entwickeln sich prächtig

Auch die Vertreter der heimischen Teichfauna lassen in der Regel nicht lange auf sich warten. Grasfrösche wandern meist schon nach ein oder zwei Jahren ein

Der naturnah angelegte Gartenteich im Schnitt

Wichtig ist, daß die Wassermenge nicht zu klein ist und ein ausgewogenes Verhältnis zwischen Tief- und Flachwasserzonen besteht. Bei Problemen mit der Wasserqualität können Springbrunnen und Teichfilter (hier außerhalb des Teichbeckens angeordnet) eine deutliche Verbesserung bringen. Ein Springbrunnen erhöht den Sauerstoffgehalt, ein Filter nimmt Algen und Schwebstoffe aus dem Wasser.

Wasserflächen im Garten richtig planen

Kaum ein Garten, der heute nicht durch einen kleinen Teich bereichert wird. Tatsächlich schaffen solche Kleingewässer einen zusätzlichen Lebensraum für eine Vielzahl gefährdeter Pflanzen und selten gewordener Tiere.

Mit Begeisterung und voller Stolz berichten Teichbesitzer, wie viele verschiedene Arten sie bereits in ihrem sogenannten Biotop haben ansiedeln können. Doch häufig werden für viel Geld Unmengen Pflanzen, Fische, Wasserschnecken usw. gekauft und dann in einem viel zu kleinen Teich zusammengepfercht. Ganz zu schweigen von den Raubzügen, auf denen angebliche Naturfreunde die letzten freien Gewässer brutal plündern, um das heimische „Biotop" zu bereichern.

Das Ergebnis dieser falsch verstandenen Begeisterung am Gartenteich sind dann häufig total veralge Tümpel, in deren trüber Brühe selbst robuste Goldfische ums Überleben kämpfen müssen. Ein großer Teil der zuvor eingesetzten Pflanzen und Tiere geht bei solchen Katastrophen jämmerlich zugrunde.

Um derartige Auswüchse zu vermeiden, fordern Fachleute eine naturnahe Planung von Kleingewässern. Die erste Regel heißt: den Gartenteich so groß wie möglich und mit einem ausgewogenen Verhältnis von Tief- und Flachwasserzonen anzulegen.

Für die Bepflanzung sollte man heimische Arten im Fachhandel kaufen und in ein nährstoffarmes Substrat setzen. Zu hoher Nährstoffgehalt fördert das Algenwachstum. Im schlimmsten Fall vermehren sich die Algen dann im Sommer explosionsartig und ersticken sämtliches Leben unter der Wasseroberfläche. Bei einem naturnahen Teich-Konzept hingegen bleibt das Wasser glasklar, weil den gefährlichen Algen die Lebensgrundlage fehlt. Die Teichpflanzen entziehen dem Wasser zudem kontinuierlich weitere Nährstoffe. In kurzer Zeit stellt sich ein natürliches Gleichgewicht ein, und das Gewässer kann zurecht als Biotop bezeichnet werden.

Fehler bei der Randgestaltung von Folienteichen führen dazu, daß durch Kapillarwirkung ständig Wasser entzogen wird. Hier „saugt" das Erdreich den Teich aus

Unter den Steinen der Uferbefestigung wird bei dieser Randgestaltung Teichwasser entzogen. Im Sommer müssen Sie dann wöchentlich neues Wasser nachfüllen

So wird es richtig gemacht: Die Folie zwischen den Ufersteinen einige Zentimeter senkrecht hochführen, damit kein Kontakt mehr zum Erdreich besteht

Planungsgrundsätze und öffentliche Vorschriften

Bevor Sie zum Spaten greifen, um Ihren langersehnten Gartenteich auszuheben, sollten Sie sich die Zeit nehmen, Größe, Lage und Form des Gewässers möglichst exakt zu planen. Spätere Änderungen an einem fehlerhaften Konzept sind kaum mehr möglich.

Wenn die Grundstücksfläche es zuläßt, sollten Sie eine Mindestgröße von 12 m² und eine maximale Tiefe von einem Meter nicht unterschreiten. Je größer die Wassermenge, desto schneller stellt sich ein Gleichgewichtszustand ein. Die Temperaturschwankungen des Wassers bleiben gering, und die Selbstreinigungskraft ist relativ stark.

Je nach Bundesland können Teiche ab 30 m² Grundfläche bereits anzeige- bzw. genehmigungspflichtig sein. Auskünfte erteilen im Zweifelsfall die örtlichen Baubehörden, Landschaftspflegebehörden, Bezirks- und Landratsämter. Wichtig ist auch die Beachtung des jeweils geltenden Nachbarrechts. Darin sind einzuhaltende Grenzabstände usw. geregelt. Über etwaige Haftungsfragen sollten Sie mit Ihrem Versicherungsvertreter sprechen. Ist der Teich für Kleinkinder zugänglich, dürfen beispielsweise keine steil abfallenden Ufer vorgesehen werden.

Der ideale Platz für einen Gartenteich bietet im Frühjahr und Sommer (Hauptvegetationszeit) 6-8 Stunden volles Sonnenlicht. Kleinere Gewässer, die sich sehr schnell erwärmen, brauchen in der heißen Mittagszeit 2-3 Stunden Schatten. Flach wurzelnde Bäume und Sträucher dürfen nicht in direkter Nähe des Ufers gepfanzt werden. Starke Wurzeln könnten die Teichfolie beschädigen.

Kleine Teiche lassen sich problemlos mit fertigen Kunststoffbecken anlegen. Bei größeren Flächen muß man mit Teichfolie arbeiten. Hier sollten Sie besonderes Augenmerk auf die Randausbildung legen. In ungünstigen Fällen saugt die Teichumrandung durch Kapillarwirkung ständig Wasser ab, das dann regelmäßig nachgefüllt werden muß.

Baumaterialien

Während früher Teiche häufig betoniert oder aus
glasfaserverstärktem Kunststoff gebaut wurden, arbeitet
man heute meist mit witterungsbeständiger Teichfolie

Wassergärten mit Kübeln und Fertigbecken gestalten

Obwohl in allen Veröffentlichungen über den Selbstbau von Gartenteichen immer wieder auf Beton, glasfaserverstärkten Kunststoff und auch Lehm oder Ton zum Abdichten der Teichwanne eingegangen wird, muß man heute feststellen, daß es eigentlich nur zwei wirklich sinnvolle und praktikable Baumethoden gibt: das Eingraben vorgefertigter Kübel und Becken sowie das Auskleiden der Teichmulde mit Spezialfolie.

Bei Gärten mit geringem Platzangebot können Sie eine kleine Wasserlandschaft herstellen, indem Sie runde oder rechteckige PVC-Mörtelkübel einzeln oder in Gruppen ins Erdreich einlassen. Solche Kübel gibt's für rund 20 Mark in jedem Baumarkt.

Selbst auf dem Balkon oder auf der Terrasse können Sie solche PVC-Kübel als Mini-Wassergärten aufstellen. Wie die Fotos rechts zeigen, läßt sich eine Mörtelwanne sogar hübsch verkleiden und auf Rollen montieren. Wenn Sie dann noch eine kleine Springbrunnenpumpe einbauen, wird aus dem schwarzen PVC-Kübel ein attraktiver Terrassenspringbrunnen (siehe auch Bauanleitung Seite 71).

Vorgefertigte Teichschalen in verschiedensten Formen

Fertigteiche zum Eingraben sind ideal für kleine Wassergärten. Die starren Becken werden ganz einfach in eine den Konturen des Beckens entsprechende Mulde gesetzt und dann sorgfältig mit Sand eingeschlämmt. Je größer solche Fertigelemente sind, desto schwieriger wird es, sie einzupassen, ohne daß beim Anschütten Hohlräume entstehen.

Die vorgefertigten Becken bestehen meist aus Polyäthylen. Daneben werden auch Fertigteiche aus glasfaserverstärktem Polyester angeboten. Es gibt sogar Elemente, die zu größeren Gruppen miteinander verschraubt werden können, beispielsweise zu Teichen mit angeschlossenen Bachläufen.

Ein solcher PVC-Mörtelkübel wird mit relativ wenig Aufwand zu einem attraktiven Terrassenteich. Ein Unterbau mit Rollen macht ihn dann sogar beweglich

Hinter der Holzverkleidung ist hier der Kübel bereits versteckt. In das Gefäß wurde eine kleine Springbrunnenpumpe eingebaut und durch Kiesel abgedeckt

Ideal für den Bau kleinerer Gartenteiche: ein Fertigbecken aus stabilem Kunststoff, das man nur noch in eine entsprechend vorbereitete Mulde setzen muß

Wird ein Fertigteich gekonnt bepflanzt, kann man bereits nach einem Jahr die Umrisse seiner Wände nicht mehr erkennen. Fische und Pflanzen fühlen sich wohl

Polstervlies aus gewebtem Synthetikmaterial schützt Teichfolien vor Beschädigungen. Das Gewebe ist absolut verrottungsfest und hält Wurzeln und Nagetiere ab

Damit Pflanzen auch an steilen Uferböschungen Halt finden, kann man solche Kokosmatten auslegen. Haben sich die Pflanzen angesiedelt, verrottet das Gewebe

Dauerhaft witterungs-beständige Teichfolien

Das gebräuchlichste und dabei völlig problemlos zu verarbeitende Material für den Teichbau ist Folie. Sie zeichnet sich durch hundertprozentige Wasserdichtheit, Elastizität und hohe Lebensdauer aus. Sie müssen allerdings unbedingt eine speziell für diesen Zweck gefertigte Teichfolie verwenden. Alle sonst im Baubereich angebotenen Folien werden mit der Zeit undicht und enthalten zum Teil umweltbelastende Bestandteile.

Die heute üblichen Teichfolien bestehen aus Polyäthylen (PE), Polyvinylchlorid (PVC) oder aus hochwertigem Kautschukmaterial. PE- und PVC-Folien für den Teichbau enthalten Weichmacher und spezielle Stabilisatoren, die sie dauerhaft elastisch und vor allem UV-beständig machen.

Die Hersteller geben in der Regel 10-15 Jahre Garantie. Zudem sollten Sie darauf achten, daß die Folien regeneratfrei sind, das heißt keine Anteile wiederwerteter Folien enthalten, die durch Giftstoffe belastet sind. Ebenso wichtig ist, daß zum Stabilisieren gegen UV-Licht nicht das hochgiftige Schwermetall Cadmium verwendet wurde.

Kautschukfolien sind teurer als PE- oder PVC-Folien, enthalten aber keine gefährlichen Stoffe und sind besonders hoch belastbar. Sie lassen sich bei jeder Außentemperatur verarbeiten, sogar bei Frost. PE- und PVC-Material dagegen braucht Temperaturen von mindestens 15 °C. Ist es kälter, sind die Folien zu steif und passen sich dem jeweiligen Bodenprofil nicht mehr optimal an.

Sparen Sie beim Folienkauf nicht an der Materialstärke. Auch wenn nach wie vor 0,5 mm dickes Material angeboten wird, sollten Sie sich lieber für eine 1 mm dicke Folie entscheiden. Sie verträgt mechanische Belastungen deutlich besser. Die Farbe der Folie sagt dagegen über die Qualität nichts aus. Vorteilhaft ist aber eine leichte Strukturierung der Oberfläche, die für eine gleichmäßige Ablagerung der Schwebstoffe im Teichbett sorgt.

Unterbau und Befestigung der Uferzone

Um Beschädigungen der Folie zu vermeiden, wird das Teichbett von Wurzeln, spitzen Steinen usw. befreit. Ideal ist ein Bett aus feinem Sand. Wer ganz auf Nummer Sicher gehen will, legt die gesamte Teichmulde noch mit einem Spezialvlies aus gewebtem Synthetikmaterial aus, bevor er die Folie einbringt. Ein solches Vlies bildet eine weiche Unterlage und ist zudem so fest, daß Wurzeln es kaum durchdringen können.

Damit die Teichfolie im Randbereich und an steilen Böschungen nicht frei liegt, kann man Böschungsmatten aus Nylongeflecht einsetzen. Ihre grobe Struktur gibt der Bepflanzung auch bei Böschungsneigungen von 45° noch guten Halt. Ähnlich wirken speziell für den Teichbau hergestellte grobe Kokosmatten, die nachdem die Bepflanzung Halt gefunden hat, mit der Zeit verrotten. Solche Matten gibt es sogar mit angearbeiteten Pflanztaschen.

Teichfolien werden in unterschiedlichen Färbungen angeboten: Die Standardausführung ist schwarz; besonders naturnah wirken Folien in erdfarbiger Ausführung

Damit die Teichfolie sich dem Profil des Untergrunds optimal anpaßt, sollte man sie an einem möglichst warmen Tag verlegen. Dann ist sie besonders elastisch. Randüberstände werden zuletzt mit der Schere abgeschnitten

Fertigteiche einbauen

Zum Anlegen von kleinen und mittleren
Gartenteichen bis vier Meter Länge stellen Fertigbecken
die optimale Lösung dar

Die Auswahl des passenden Fertigteichs

Die kleineren und mittleren Becken werden aus Polyäthylen gefertigt, während größere Fertigteiche aus glasfaserverstärktem Kunststoff bestehen. Beide Materialien sind gleichermaßen unverrottbar, frostfest, UV-beständig, bruchsicher und widerstandfähig gegen Wurzeldruck. Markenhersteller leisten 15 Jahre Vollgarantie für ihre Produkte.

Großes GFK-Becken

Mit knapp 3000 Liter Inhalt und unterschiedlichen hohen Ebenen bietet dieses Fertigbecken aus glasfaserverstärktem Kunststoff Platz für eine naturnahe Bepflanzung. Zudem ist eine spezielle Mulde zum Einsetzen eines Bio-Teichfilters vorgesehen

Fast alle Fertigteiche sind heute mit einem Sumpfrand versehen, der eine natürliche Ufergestaltung möglich macht. Wichtig ist, daß dort durch die Bepflanzung bzw. durch eingelegte Steine gut erreichbare „Ausstiege" für Kleintiere geschaffen werden, die versehentlich in den Teich gefallen sind. Statt glatter Wände weisen natürlich gestaltete Fertigbecken profilierte Oberflächen mit zahlreichen Schuppen, Wellen und Vorsprüngen auf. Pflanzenreste und Schwebstoffe können sich dort ablagern und werden durch Mikroorganismen mineralisiert, statt auf dem Boden des Beckens zu verfaulen.

Zunächst wird die beste Position für den Fertigteich gesucht. Je kleiner seine Wassermenge, desto weniger intensiv sollte die tägliche Sonnenbestrahlung sein

An der gewünschten Stelle markiert man nun die Umrisse des Kunststoffbeckens durch senkrecht eingeschlagene Pflöcke. Dazu angespitzte Latten verwenden

Die Grube wird entsprechend den Umrissen des Beckens, jedoch 10 cm breiter und tiefer ausgehoben. Auch die Abstufungen möglichst exakt nachformen

Nach dem Ausrichten schlämmt man das Teichbecken mit Sand oder Kies ein. Das Füllmaterial dabei lagenweise verdichten, damit keine Hohlräume entstehen

Damit das Becken nicht aufschwimmt, wird es beim Einschlämmen nach und nach mit Wasser gefüllt. Zuletzt geht es dann ans Bepflanzen der Ebenen

Wenn man die Ränder mit Steinen abdeckt bzw. geschickt bepflanzt, sind die Wandungen des Fertigteichs schon nach kurzer Zeit nicht mehr zu erkennen

Aushub und Einpassen des Fertigteichs

Nachdem die Lage des Teichs auf dem Gartengrundstück festgelegt ist, stellen Sie das Becken in der gewünschten Ausrichtung auf und markieren seine Umrisse mit Holzpflöcken auf dem Untergrund. Dazu schneiden Sie sich Dachlattenabschnitte zu, die an einer Seite angespitzt werden. Sind die Umrisse auf diese Weise gekennzeichnet, beginnt der Aushub.

Um das Becken auf ein Sandbett stellen und an den Seiten rundum mit Sand einschlämmen zu können, muß die Grube in Tiefe und Breite überall gut 10 cm größer sein als der Fertigteich. Diese Form der Grube genau zu modellieren, ist gar nicht so einfach – besonders wenn der Boden sich bei frisch angeschütteten Gärten von Neubauten noch nicht ausreichend gesetzt und verfestigt hat. In einem solchen Fall müssen Sie die Grube zunächst deutlich größer ausheben, weil die Böschung der Mulde meist immer wieder wegbricht. Dann den Boden egalisieren und vor dem Einfüllen des Sandbetts mit einem Stampfer (noch besser ist eine kleine Rüttelplatte) sorgfältig verdichten.

Nun wird die etwa 10 cm hohe Sandschicht (am besten ist grober Estrich- bzw. Pflastersand) eingefüllt, verdichtet und so hoch abgezogen, daß der Höhenunterschied zur Geländeoberkante genau der Einbautiefe des Beckens entspricht. Anschließend setzt man den Fertigteich vorsichtig zu zweit oder zu dritt in die Mulde.

Nach dem Ausrichten – dazu einen Richtscheit mit aufgelegter Wasserwaage verwenden – wird das Becken etwa zu einem Viertel mit Wasser gefüllt. Im nächsten Schritt außen bis zur Höhe des Wasserspiegels Sand oder Kies einbringen. Sorgfältiges Einschlämmen sorgt dafür, daß das Füllmaterial keine Hohlräume bildet. Dann noch einmal die Wasserwaage auflegen und bei Bedarf die Position des Beckens korrigieren. Schrittweise wird der Fertigteich nun bepflanzt, weiter mit Wasser gefüllt und von außen eingeschlämmt.

Folienteiche bauen

Wer sich für einen Folienteich entscheidet, kann
Form, Tiefe und Größe nach individuellen Wünschen
und Gegebenheiten frei bestimmen

So wird die Foliengröße richtig berechnet

Am genauesten läßt sich die Größe der für den Teichbau erforderlichen Folie berechnen, wenn die Grube bereits ausgehoben ist. Man legt dann Schnüre in die Mulde, um damit das konkrete Teichprofil in Länge und Breite abzumessen. Zu beiden Strecken werden dann noch jeweils zweimal 50 cm für die Ränder zugeschlagen.

Hier ein Berechnungsbeispiel:
Bei per Schnur am Teichprofil gemessener Länge von 5 m und Breite von 4 m benötigen Sie eine Folie von 6 x 5 m.

Ist die Grube noch nicht ausgehoben, heißt die Berechnungsformel:
Teichlänge + zweimal geplante Teichtiefe + zweimal 50 cm für den Rand = Folienlänge.
Teichbreite + zweimal geplante Teichtiefe + zweimal 50 cm für den Rand = Folienbreite.

Auch hier ein Berechnungsbeispiel:
Bei einer von Oberkante zu Oberkante gemessenen Länge von 4 m und einer Breite von 3 m benötigen Sie bei einer geplanten Tiefe von 80 cm eine Folie von 6,6 x 5,6 m.

Falls im Randbereich Pflanzmulden für eine Sumpfzone vorgesehen sind, erhöht sich der Folienbedarf noch ein wenig gegenüber der Standardberechnung. Kaufen Sie die Folie auf keinen Fall zu knapp, denn das nachträgliche Verlängern durch Anschweißen ist (wenn überhaupt möglich) sehr mühsam.

Die führenden Hersteller bieten ihre Teichfolien in Breiten von 2, 4, 6 und 8 m als Rollenware an. Es ist also günstig, einen Teich so zu planen, daß die benötigte Folie diesen Maßen relativ nahe kommt, um unnötigen Verschnitt zu vermeiden. Reicht die maximale Breite von 8 m nicht aus, werden auf Wunsch auch Sondermaße geliefert. Man kann zwar auch selbst Folienbahnen miteinander verschweißen, der Aufpreis für werkseitig verschweißte Teichfolien ist aber sehr gering und zudem erhält man dann eine Hersteller-Garantie für dichte Nähte.

Bei größeren Aushubarbeiten für Teich und Gartengestaltung lohnt sich der Einsatz eines Kleinbaggers. Ein solches Gerät können Sie auch tageweise ausleihen

Hier sind bereits die verschiedenen Pflanzebenen zu erkennen, die das Teichprofil terrassenartig gliedern. Die Feinarbeit wird mit Spaten und Schaufel geleistet

In Bahnen ausgelegtes Polstervlies schützt die Folie vor Beschädigungen. Das ansonsten erforderliche Sandbett als Unterbau kann man sich in diesem Fall sparen

Zum Ausbreiten der Folie sind einige Helfer erforderlich. Man zieht die Bahn zunächst gleichmäßig über den Teichrand und läßt sie dann in die Grube rutschen

Wenn der Bodengrund eingefüllt wird (Kies oder Sand, aber keinesfalls Mutterboden), drückt sich die Folie in die Mulde. Steile Böschungen mit Matten belegen

Boden und Pflanzebenen des Teichs sind bedeckt. Hier geht es bereits ans Gestalten der Uferzone. Grobe gewaschene Kiesel kaschieren in diesem Bereich die Folie

Ausheben der Grube und Verlegen der Folie

Wenn Sie sich für die Form Ihres Gartenteichs entschieden haben, stecken Sie seine Umrisse am besten mit kurzen Markierungspflöcken ab. Dann kann das Ausheben beginnen. Bei größeren Gartenteichen gilt es, eine erhebliche Menge an Erdreich zu bewegen und anschließend auch unterzubringen. Wird der Garten bei einem Neubau ohnehin mit

Trockenmauer

Bei hochgelegten Gartenteichen, kann eine Trockenmauer die Umrandung bilden (siehe auch Seite 69). Im Randbereich liegt die Folie dann zwischen den aufgeschichteten Steinen. Außen wird die Basalt-Mauer mit Mini-Gewächsen bepflanzt

Bagger und Planierraupe bearbeitet, sollte man die grobe Form des Teiches durch Maschinenkraft vorbereiten lassen.

Wird der Teich auf einem bereits angelegten Gartengrundstück ausgehoben, legt man anfallende Grassoden zur Seite und hält sie feucht. Damit kann später der Teichrand abgedeckt werden. Der Aushub läßt sich eventuell für einen Hügel, ein Hochbeet oder einen Bachlauf (siehe Seite 66) benutzen.

Wer die mühsamen Erdarbeiten scheut, kann seinen Teich auch einfach „hochlegen". Als

Material für die Umrandung sind imprägnierte Palisaden, Böschungselemente aus Beton und nicht zuletzt trocken aufgeschichtete Natursteine (siehe auch S. 69) geeignet. Ein weiterer Vorteil dieser Baumethode liegt darin, daß die über Normalniveau liegende Wasseroberfläche ein Beobachten des Lebens im Gartenteich erleichtert. Bedenken Sie aber, daß beim Zufrieren die Eisdecke erheblichen Druck auf senkrechte Wandungen ausübt. Daher sollte ein hochgelegter Teich in der Mitte doch ein wenig vertieft werden, um mit diesem Erdreich die Ränder zu einer flach auslaufenden Mulde aufzuschütten.

An seiner tiefsten Stelle sollte der fertig angelegte Teich mindestens 60, besser 80 cm Wassertiefe bieten. Beim Aushub müssen Sie, falls die Folie auf ein Sandbett gelegt werden soll, weitere 10 cm hinzurechnen. Noch einmal 5-10 cm fallen für den Bodengrund an. Ideal ist hier gewaschener Kies. Sie können im Tiefwasserbereich aber auch die Folie unbedeckt lassen. Keinesfalls jedoch nährstoffreichen Mutterboden einfüllen.

Vor dem Zusammenschweißen von Folienbahnen wird die Oberfläche der überlappenden Bereiche gut gereinigt. Dann den Spezialkleber gleichmäßig auftragen

Unter kräftigem Druck werden die vorbereiteten Folienbahnen anschließend von mehreren Helfern gleichmäßig zusammengepreßt. Dabei muß man ein langes Brett oder einen Balken als Unterlage benutzen

Eine spezielle Böschungsmatte aus Nylongewebe kann im Uferbereich und an steilen Böschungen der Bepflanzung Halt auf der glatten Folienoberfläche geben

Hier wird die Böschungsmatte bis an die Wasserlinie heran mit Kieseln abgedeckt. Nach der Bepflanzung werden die Wurzeln das Nylongewebe durchdringen

Bei besonders steil abfallenden Ufern empfiehlt sich der Einsatz von Böschungsmatten aus Kokosmaterial mit großen Pflanztaschen zum Befüllen mit Substrat

Beachten Sie, daß die Sumpf- und Flachwasserzone bei 20-50 cm Breite mindestens ein Viertel der Gesamtfläche ausmacht (siehe auch Zeichnung Seite 34). Die Böschungen zum Tiefwasserbereich sollten dabei nicht steiler als 45° angelegt werden.

Sind die groben Erdarbeiten abgeschlossen, gilt es zu überprüfen, ob der Teichrand rundum auf gleicher Höhe liegt. Bei kleineren Becken wird dazu ein Richtscheit mit Wasserwaage über die Mulde gelegt. Bei größeren Teichen müssen Sie die Höhen mit Hilfe einer Schlauchwaage (Baustoffhandel) überprüfen. Die Schlauchwaage besteht aus einem durchsichtigen Schlauch, der mit Wasser gefüllt wird. An rundum eingeschlagenen kurzen Pflöcken könen Sie gleiche Höhen anreißen, wenn Sie ein Ende des Schlauchs jeweils an eine Ausgangsmarkierung legen und den Wasserstand durch Heben oder Senken des anderen Endes auf diese Markierung einpendeln. Der Wasserstand an dem anderen Schlauchende hat dann genau die gleiche Höhe wie die Ausgangsmarkierung und wird am jeweiligen Pflock angerissen.

Nun müssen Sie den Boden des vorbereiteten Teichprofils sorgfältig von Steinen, Wurzeln und allen spitzen Gegenständen befreien. Als Unterlage für die Folie kann dann ein 10 cm dickes Sandbett oder eine Lage Polstervlies eingebracht werden.

Für das Verlegen der Folie sollten Sie einen warmen (mindestens 15 °C) und sonnigen Tag wählen. Wärme macht die Folie weich, so daß sie sich optimal der Form der Teichmulde anpaßt. Sie wird auseinandergebreitet und gleichmäßig über die Teichmulde gezogen. Füllt man dann Kies als Bodengrund ein und läßt nach und nach Wasser ein, wird die Folie in die Mulde gezogen und drückt sich fest an den Untergrund. Mit dem steigenden Wasser werden auch die Böschungen mit Kokos- oder Kunststoffmatten belegt und die verschiedenen Pflanzzonen angelegt. Ist das Becken schließlich ganz gefüllt, sollte man der Folie einige Tage Zeit lassen, sich endgültig zu setzen, ehe man überschüssiges Material rundum abschneidet und anschließend die Randgestaltung vornimmt.

Wenn der Uferbereich nicht mit Steinen abgedeckt wird, die Folie aber geschützt sein soll, kann man soge-nannte Steinfolie mit Feinkiesbesandung auflegen

Besonders gut ist die mit feinen Kieseln und Sand be-schichtete Steinfolie für Bachläufe geeignet. Es gibt auch Fertig-Elemente mit entsprechender Oberfläche

An der Einmündung eines Bauchlaufs in einen Folienteich kann man grob gebrochene Natursteinplatten verwen-den. Das Wasser nimmt hier besonders viel Sauerstoff aus der Luft auf und gibt sie ans Teichwasser ab

Die Wasserqualität

Das Gedeihen von Teichflora und -fauna hängt
von der Wasserqualität ab. Entscheidend sind vor allem
Härte, pH-Wert und Temperatur

Kontrolle nach dem ersten Befüllen des Teichs

Zum ersten Befüllen des neu angelegten Gartenteichs wird in der Regel Leitungswasser verwendet. Dieses Wasser ist gechlort und oft sehr kalkhaltig. Das Chlorgas entweicht zwar nach kurzer Zeit, doch der Kalkgehalt bleibt bestehen. Die Wasserwerke geben den Gehalt an Härtebildern (Calcium- und Magnesiumsalze) in deutschen Härtegraden (dH) an. Bis 7° dH spricht man von weichem Wasser. Bei 7-14° dH wird das Wasser als mittelhart bezeichnet, bei 14-21° dH als hart und bei über 21° dH als sehr hart. Sie können den Härtegrad Ihres Leitungswassers übrigens beim zuständigen Wasserwerk erfragen. Die meisten Tiere und Pflanzen im Gartenteich fühlen sich bei mittelhartem Wasser, wie es in Deutschland am häufigsten vorkommt, ausgesprochen wohl.

Ein weiterer wichtiger Wert , den es zu beachten gilt, ist der pH-Wert. Er stellt die Summe aller im Wasser gelösten Säuren und basischen Stoffe dar. Auf einer 14stelligen Skala wird der Wert 7 als neutral bezeichnet. Werte unter 7 bedeuten, daß das Wasser mehr und mehr sauer, Werte über 7, daß es mehr und mehr alkalisch ist.

Das aus dem Leitungsnetz kommende Wasser hat bei uns einen pH-Wert von 6,5-7. Bei Zierfischen für den Gartenteich liegt die Toleranzgrenze zwischen pH 6 und pH 9. Bei Über- oder Unterschreiten dieser Werte kann es bei den Tieren zu Haut-, Kiemen- und Flossenschäden kommen. Zu saures Wasser bildet sich, wenn ein Teich mit säurebelastetem Regenwasser aufgefüllt wird. Dies läßt sich aber vermeiden, wenn man nach Trockenperioden das erste, stark schmutz- und säurebelastete Regenwasser in die Kanalisation leitet und erst dann den Teich aus dem Regenrohr nachfüllt.

Um auf Nummer Sicher zu gehen, sollte man den pH-Wert des Teichwassers nach dem ersten Befüllen prüfen und auch das zum Nachfüllen verwendete Regenwasser mit Teststreifen aus dem Gartenfachhandel kontrollieren.

Zum ersten Befüllen eines neu angelegten Gartenteiches muß in der Regel Leitungswasser verwendet werden. Prüfen Sie vorsichtshalber seinen pH-Wert

Beim Befüllen werden feinste Bestandteile aus Bodengrund und Pflanzsubstrat aufgewirbelt und trüben das Wasser. Nach ein bis zwei Tagen klärt es sich dann

pH 5,0	pH 6,0	pH 6,5
pH 7,0	pH 7,5	pH 8,0
pH 8,5	pH 9,0	pH 10,0

Teststreifen zur Überprüfung des pH-Werts von Wasser gibt es im Garten- oder Aquarien-Fachhandel. Wichtig, wenn Regenwasser zum Nachfüllen verwendet wird

Das Wasser des frisch angelegten Teichs hat sich nach dem Befüllen geklärt. Nun erobern zunächst Kleinlebewesen und winzige Algen den neuen Lebensraum

Nährstoffe, Sauerstoffgehalt und Temperatur

Bei einem richtig angelegten Teich enthalten Bodengrund und Pflanzsubstrat nur wenig Stickstoff. Eine ausreichende Bepflanzung sorgt zudem dafür, daß dem Wasser kontinuierlich Nährstoffe entzogen werden. Nur bei Überdüngung durch organische Substanzen und einem Überbesatz mit Zierfischen nehmen Nitrat- und Phosphatgehalt gefährlich zu. Bei gesundem Teichwasser liegt der Nitratwert unter 80 mg/l und der Phosphatwert unter 5 mg/l. Der erste Indikator für ein Überschreiten dieser Werte ist vermehrtes Algenwachstum, das zum biologischen „Umkippen" des Teiches führen kann.

Nicht zuletzt bestimmt der Sauerstoffgehalt die Qualität des Teichwassers. An der Oberfläche nimmt das Wasser Sauerstoff aus der Atmosphäre auf. Dies kann durch Springbrunnen, Luftsprudler usw. unterstützt werden. Zudem produzieren Wasserpflanzen wertvollen Sauerstoff.

Der Sauerstoffgehalt des Wassers ist aber auch von der Wassertemperatur abhängig. Kaltes Wasser vermag mehr Sauerstoff aufzunehmen als warmes. Vor diesem Hintergrund ist es wichtig, daß auch kleine Teiche eine Tiefwasserzone besitzen, in der selbst bei starker Sonnenbestrahlung relativ kaltes und damit sauerstoffreiches Wasser erhalten bleibt. Dorthin können sich die Fische dann zurückziehen. Schutz vor Überwärmung bieten auch Schwimmblattpflanzen, die das Wasser wirksam schattieren.

Muß im Sommer verdunsteter Teichinhalt aus der Leitung nachgefüllt werden, können gerade bei kleinen Teichen Tiere und Pflanzen durch das relativ kalte Wasser einen regelrechten Schock erleiden. Ein Trick, um das Wasser zu erwärmen und dabei auch den Chlorgehalt zu reduzieren: Man schließt einen Rasensprenger an den Schlauch und läßt so den Teich durch feinste Tröpfchen beregnen. Durch den Luftkontakt erwärmen sich die Tröpfchen und treffen dann bereits temperiert auf die Teichoberfläche.

Die Bepflanzung

Soll das Wasser des Gartenteichs sauber und
kristallklar bleiben, benutzt man nährstoffarmes Substrat
und setzt nährstoffzehrende Pflanzen ein

Bodengrund für einen gesunden Gartenteich

Beim Anlegen von Gartenteichen wird immer wieder der große Fehler gemacht, zu viel und zu nährstoffreichen Bodengrund einzubringen. Das gleiche gilt für das Substrat in den eingesetzten Pflanzkörben.

Die Folgen sind katastrophal:
• Algen beginnen zu wuchern, überziehen den gesamten Teich mit ihren Fäden und bilden schleimige Polster.
• Das Wasser wird zu einer grau-grünen, lichtundurchlässigen Brühe.
• Die Unterwasserpflanzen bekommen kein Licht mehr, sterben ab und bilden auf dem Boden eine Schicht aus Faulschlamm.
• Akuter Sauerstoffmangel läßt die Kleinlebewesen absterben, die sonst für den Abbau organischer Substanzen sorgen.
• Das Wasser „kippt" schließlich um. Der Teich kann nur noch vollständig ausgeräumt und neu angelegt werden.

Die meisten Wasserpflanzen wachsen am besten in einem mageren Pflanzsubstrat. Die für ein gesundes Wachstum erforderlichen Nährstoffe holen sie sich in erster Linie aus dem Wasser und nicht aus dem Teichboden bzw. dem Substrat der Pflanzkörbe.

Der Tiefwasserbereich des Gartenteichs benötigt überhaupt keinen Bodengrund. Seerosen und Unterwasserpflanzen werden in Pflanzkörbe gesetzt und direkt auf die Folie gestellt. Für Zierfischteiche ist es sinnvoll, den Boden mit einer Schicht gewaschenem groben Kies zu bedecken. So verhindern Sie, daß die Fische ständig den sich auf der Folie ablagernden Bodenmulm aufwirbeln. Der grobe Kies bildet außerdem Hohlräume, die den idealen Unterschlupf für viele Kleinlebewesen darstellen. Außerdem vergrößert der Kies die Oberfläche für die auch bei einem gesunden Teich anfallenden Bodenablagerungen. Die Mikroorganismen können diese organischen Substanzen dann besser abbauen. Es bildet sich kein Faulschlamm. Statt dessen entstehen mineralisches Material und neue Nährstoffe für die Wasserpflanzen.

Wenn überhaupt ein die gesamte Folie bedeckender Bodengrund eingebracht werden soll, dann nur frischer Sand oder Kies ohne organische Bestandteile

Als Substrat für Pflanzmulden und -gefäße eignet sich ein nährstoffarmes Substrat, das man selbst im Verhältnis 1:1 aus Sand und ungedüngtem Torf anmischt

Wenn Sie fertiges Wasserpflanzensubstrat aus dem Garten-Fachhandel verwenden, können Sie die Mischung noch ein wenig mit Sand oder Kies abmagern

Pflanzsubstrat – gekauft oder selbst angemischt

Das ideale Pflanzsubstrat sollte so nährstoffarm wie möglich sein. Geeignet sind Lehm, Sand oder eine Mischung dieser Substrate. Vorsicht aber bei der oft ausgesprochenen Empfehlung, lehmhaltige Erde zu benutzen, die aus dem untersten Bereich des Bodenaushubs stammt. Auch diese Erde ist meist noch viel zu nährstoffhaltig.

Besser ist es, fertig angemischtes Erdsubstrat für Wasserpflanzen im Fachhandel zu kaufen oder aus Sand und ungedüngtem Torf im Verhältnis 1:1 selbst zu mischen. Dieses Substrat wird dann in einer 5-10 cm hohen Schicht direkt auf die Pflanzebenen gegeben oder in spezielle Pflanzkörbe gefüllt.

Damit das Substrat von den Pflanzebenen nicht ins tiefere Wasser gespült werden kann, sollten Sie die Böschungskanten durch aufgereihte Steine sichern. Besser ist es allerdings, nur die Pflanzkörbe mit Substrat zu füllen und den übrigen Bereich mit gewaschenem Kies abzudecken. So verhindern Sie ein unkontrolliertes Wuchern der Pflanzen und begrenzen vor allem das Nährstoffangebot in Ihrem Teich auf das Notwendigste.

Pflanzkörbe mit gelochten Wänden werden in den verschiedensten Größen angeboten. Damit das verwendete Substrat nicht ausschwemmt, wird das Gefäß zunächst mit einem wasserdurchlässigen Tuch oder Vlies (gibt's im Fachhandel) ausgeschlagen. Anschließend füllen Sie Erde und die gut bewurzelten Pflanzen ein. Oben wird das Substrat durch Kieselsteine abgedeckt. Damit fixieren Sie es und beschweren gleichzeitig den Pflanzkorb. Zuletzt wird überstehendes Pflanztuch weggeschnitten und der Korb an der vorgesehenen Stelle ins Wasser gesetzt.

Ein Tip für die Bepflanzung von Teichen mit steil abfallenden Böschungen: Zum Abdecken dieser Bereiche können Sie Kokos-Böschungsmatten mit angearbeiteten Pflanztaschen verwenden. In diese Taschen füllt man Substrat und setzt dann die Pflanzen ein.

Schilf, Gräser und andere Teichpflanzen, die man in größeren Mengen braucht, kann man häufig von Teichbesitzern bekommen, die ihr Gewässer auslichten

Pflanzen, die nicht in speziellen Körben stehen, müssen durch Kiesel fixiert werden, damit sie nicht aufschwimmen. Ihre Nährstoffe holen sie sich aus dem Wasser

Oberhalb der Uferzone wurde hier ein Steingarten angelegt. Wichtig: Nährstoffreicher Mutterboden darf nicht in den Teich eingeschwemmt werden können

Wo gibt es Pflanzen für den Gartenteich?

Pflanzen aus der Natur zu entnehmen, ist verboten. Bei geschützten Arten drohen empfindliche Strafen. Der Fachhandel bietet heute aber eine nahezu komplette Palette einheimischer Arten, vorgezogen in Containern. Soll ein größerer Teich ausreichend bepflanzt werden, sind allerdings erhebliche Investitionen erforderlich. Hier kann man eine Menge Geld sparen, wenn man sich rechtzeitig nach anderen Teichbesitzern umhört, die einen bereits stark bewachsenen Teich auslichten müssen und einem das anfallende Pflanzenmaterial zum Nulltarif überlassen

Die so erworbenen Pflanzen können bereits vorgezogen werden, ehe der neue Teich angelegt ist. Durch Teilung sorgen Sie dafür, daß eine möglichst große Zahl von Einzelpflanzen eingesetzt werden kann, die sich dann in erstaunlich kurzer Zeit zu einem üppigen Bewuchs entwickeln.

Vor allem Wasserstauden wie Seerosen, Kalmus oder Wasserschwertlilien, aber auch Uferstauden und Gräser lasen sich problemlos mit einem scharfen Messer zu mehreren Einzelpflanzen teilen. Die beste Zeit dafür ist das Frühjahr, wenn die Pflanzen austreiben.

Nach der Teilung werden die Pflanzen, wie bereits beschrieben, in Töpfe oder Körbe gesetzt und sofort oder auch später in den neuen Gartenteich gegeben. Ist der Teich noch nicht fertiggestellt, schlagen Sie beispielsweise Obsthorden mit Folie aus, setzen Ihre Töpfe und Körbe dort hinein und füllen die Kisten mit Wasser auf. Weil sich die relativ geringen Wassermengen in solchen Anzuchtkisten schnell erwärmen, können Sie Ihre Teichpflanzen auf diese Weise optimal vorziehen. Durch Teilung gewonnene Seerosen lassen sich im Frühjahr auch in zur Hälfte mit Substrat gefüllte Baueimer setzen, die man mit Kies abdeckt und dann mit Wasser auffüllt. Sind die neuen Blätter bis zur Wasseroberfläche gewachsen, kommen die Eimer mit den Seerosen in den Teich.

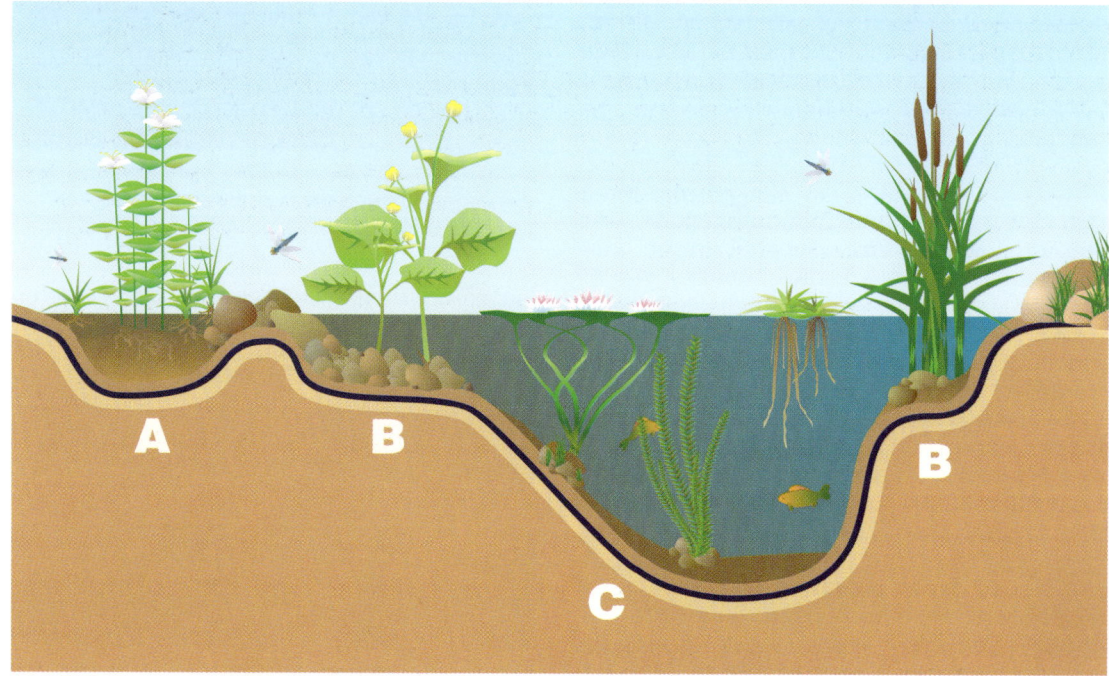

Die verschiedenen Wasserzonen in einem naturnah angelegten Gartenteich: A = Sumpfzone (teilweise geflutet),
B = Flachwasserzone (ständig feucht bzw. geflutet), C = Tiefwasserzone mit 60-100 cm Wassertiefe

Pflanzen für die unterschiedlichen Wasserzonen

Bei der Auswahl der Teichpflanzen muß man darauf achten, für welche Wasserzone die jeweiligen Arten geeignet sind. Wir unterscheiden folgende Bereiche:
• Feuchtzone (teilweise geflutet)
• Sumpf- und Flachwasserzone
  (ständig feucht bzw. geflutet)
• Tiefwasserzone.

In der Feuchtzone sind Pflanzen zu Hause, die 0-10 cm Wassertiefe bevorzugen. In der Sumpf- und Flachwasserzone leben Pflanzen, die sich bei Wassertiefen von 0-30 cm wohl fühlen. Im Tiefwasserbereich (30-80 cm) sind Schwimmblattpflanzen und reine Schwimmpflanzen zu Hause.

Die Zeichnung auf der linken Seite zeigt ein Teichprofil mit den zu bepflanzenden Wasserzonen. Um möglichst viele Lebensgemeinschaften im neuen Gartenteich anzusiedeln, sollten alle Wasserzonen artenreich bepflanzt werden. Setzen Sie die verschiedenen Pflanzen aber nicht bunt durcheinander. Es würde ein zu unruhiges Bild entstehen, und gleichzeitig bestünde die Gefahr, daß einzeln stehende langsam wachsende Exemplare durch schnellwüchsige Konkurrenten unterdrückt werden. Besser ist es, von den gewünschten Arten jeweils mehrere Pflanzen zu kaufen und zu kleinen Gruppen zusammenzusetzen.

Bei Ihrem Pflanzplan sollten Sie auch darauf achten, daß der Blick auf die Wasserfläche vom vorgesehenen Beobachtungsstandort nicht durch hochwachsende Arten beeinträchtigt wird. Solche Pflanzen gehören in den Hintergrund. An den Seiten davor werden Arten mittlerer Höhe eingeplant. Am bevorzugten Beobachtungsstandort selbst können Steine oder grobe Kiesel ausgelegt werden, zwischen denen sich nur ein sparsamer Bewuchs niedriger Wasserpflanzen hält.

Im folgenden sollen einige für die verschiedenen Wasserzonen besonders gut geeignete Arten vorgestellt werden. Achten Sie bei kleinen Teichen auf Größe und Wüchsigkeit.

So werden gelochte Pflanzkörbe richtig vorbereitet: Damit das Substrat nicht ausgeschwemmt werden kann, zunächst das Gefäß mit Pflanztuch ausschlagen

Überstehendes Pflanztuch abschneiden. Nun kann die gut bewurzelte Teichpflanze in den Korb gesetzt werden. Dann mit sehr nährstoffarmem Substrat auffüllen

Der Pflanzkorb wird an der vorgesehenen Stelle abgesenkt. Die Wurzeln der Teichpflanze können sich bei dieser Pflanztechnik nicht ungehindert ausbreiten

Hier wird ein Blutweiderich eingesetzt, der als Container-Pflanze bereits vorgezogen war. Solche Pflanzen sind gut bewurzelt und wachsen problemlos an

Eine Zierde für jeden Gartenteich stellt die prächtig blühende Sumpfdotterblume dar. Sie ist recht anspruchslos und breitet sich schnell im Uferbereich aus

Pflanzen für die Feuchtzone des Gartenteichs

Blutweiderich
Diese wenig anspruchsvolle Pflanze gedeiht auch in schattigen Bereichen. Ihre rosaroten Kerzen blühen über mehrere Wochen (Juli bis September) und stellen eine Zierde für jeden Gartenteich dar. Der Blutweiderich kann bis zu 200 cm hoch werden.

Sumpfdotterblume
Besonders beliebt für die Uferbepflanzung ist diese wohl bekannteste Sumpfpflanze. Bereits im zeitigen Frühjahr entwickeln sich ihre leuchtendgelben Blütenstände.

Sumpfvergißmeinnicht
Mit seinen himmelblauen Blütenständen ähnelt das Sumpfvergißmeinnicht dem Gartenvergißmeinnicht. Die Pflanze vermehrt sich schnell und liebt halbschattige Plätze. Ihre Blütezeit liegt zwischen Juni und September.

Gilbweiderich
Eine hübsche Pflanze für die Seiten und den Hintergrund des Teichs. Auch an Bachläufen fühlt sie sich wohl. Die gelben Blüten öffnen sich im Juni bis Juli. Der Gilbweiderich wird 80-100 cm hoch.

Echtes Mägdesüß
Eine besonders schöne Teichpflanze, die gut für Alleinstellung und Hintergrundbepflanzung geeignet ist. Sie blüht weiß von Juni bis August und wird bis 150 cm hoch.

Sumpfbaldrian
Die nur 10-30 cm hoch werdende Pflanze eignet sich für kleine Teiche, den Seitenbereich und das Bachufer. Sie fühlt sich auch in Sumpfwiesen sehr wohl. Von Mai bis Juli erscheinen ihre weiß-rosa Blüten.

Zypersegge
Die auch Schein-Zypergras genannte Art stellt eine sehr schöne Solitärpflanze für den Teichrand dar. Sie wird bis 80 cm hoch und entwickelt von Juni bis August bräunliche Blüten. Die Zypersegge fühlt sich im vollen Sonnenlicht, aber auch im Halbschatten wohl.

Das Pfeilkraut erkennt man an seinen pfeilförmigen Blättern. Wie bei allen starkwüchsigen Teichpflanzen empfiehlt sich die Verwendung von Pflanzkörben

Die hier im vom Sumpfbeet abgetrennten Flachwasser-bereich eingesetzte Wasserschwertlilie wirkt noch etwas verloren. Doch sie breitet sich sehr schnell aus

Pflanzen für die Sumpf- und Flachwasserzone

Pfeilkraut
Die pfeilspitzenförmigen Blätter haben dieser Teichpflanze ihren Namen gegeben. Sie wächst sehr kräftig und sollte daher nur in Pflanzkörben ausgesetzt werden. Das Pfeil-kraut liebt die Sonne und blüht weiß von Juni bis August.

Wasserschwertlilie
Besonders beliebt ist die Wasserschwertlilie wegen ihrer prächtigen gelben Blüten, die sie von Mai bis Juli entwickelt. Sie besitzt schwertförmige, grau-grüne Blätter und wird 60-100 cm hoch. Weil sie stark wuchert, sollte auch die Wasserschwertlilie in Pflanzkörbe gesetzt werden.

Kalmus
Für Seiten und Hintergrund eignet sich diese wuchsfreudige Pflanze, die 50-100 cm groß wird. Ihre Blüten sind unscheinbar, aber sie präsentiert sehr schöne, schwertförmige Blät-ter. Der Wurzelstock des Kalmus enthält äthe-rische Öle und gilt als heilendes Magenmittel.

Rohrkolben
Jeder Teichbesitzer schätzt diese dekorative Pflanze. Während die breitblättrige Art rund 250 cm hoch wird, erreicht der kleine Rohrkol-ben (Typha minima) nur 50-60 cm und ist da-mit auch für kleinere Gartenteiche geeignet.

Schilfrohr
Für kleine Wassergärten mit einer Höhe, die 300 cm erreicht, meist zu dominierend. Bei größenen Teichen aber sehr gut als Hinter-grundpflanze einzusetzen. Besonders emp-fehlenswert ist die nicht so stark wachsende Sorte „Striatopticus" mit gelb-grün längsge-streiften Blättern.

Tannenwedel
Er sollte in keinem Teich fehlen. Aus dem Sumpfteil wachsen seine Triebe bis ins freie Wasser und richten sich zu 20-40 cm hohen kleinen Tannen auf. Der Tannenwedel läßt sich sehr gut mit der Wasserminze kombinie-ren, die sich ähnlich ausbreitet.

Die Blüten der Seerosen öffnen sich nur für drei bis fünf Tage und sinken dann ab. Um Faulschlamm auf dem Teichboden zu verhindern, alte Blüten kappen

Der Fachhandel bietet heute die verschiedensten Seerosen-Arten mit weißen, gelben und rötlichen Blüten an. Achten Sie auf die jeweils empfohlene Pflanztiefe

Pflanzen für den Tiefwasserbereich

Seerose

Kaum ein Teich, in dem diese wohl begehrteste Wasserpflanze fehlt. Ihre erst dunkelroten, dann kräftig grünen Schwimmblätter lieben das Sonnenlicht. Mindestens fünf Stunden pro Tag sollte ein Seerosenteich volle Sonneneinstrahlung erhalten, damit die Pflanzenm sich gut entwickeln und im Sommer ihre prächtigen Blüten zeigen.

Seerosenblüten öffnen sich nur drei bis fünf Tage, dann sinken sie zum Teichgrund ab. Mittlerweile werden im Fachhandel die verschiedensten Sorten angeboten. Achten Sie beim Kauf auf die für die jeweilige Art optimale Wassertiefe. Im flacheren Wasser heimische Arten können bei 80 cm Wassertiefe verkümmern, oder sie treiben keine Blüten.

Frisch ins Tiefwasser eingesetzte Seerosen brauchen unter Umständen viel Kraft, um mit ihren Blättern die Wasseroberfläche zu erreichen. Besser ist es, Pflanzkörbe zu benutzen, die zunächst auf Steine gesetzt werden, um sie dann schrittweise bis zum Teichgrund abzusenken. Die Blätter wachsen dann Stück für Stück mit dem steigenden Wasserspiegel.

Kräftige Seerosen lassen sich problemlos zur Vermehrung teilen. Der knollige Wurzelstock (Rhizom) wird mit einem scharfen Messer durchtrennt. Die Wurzelfäden dann eine Handbreit unter dem Rhizom abschneiden. Faulige Stellen sollten Sie ebenfalls entfernen und dann die frischen Schnittflächen mit Holzkohlenpuder bestreuen, um erneuten Fäulnisbefall zu verhindern.

Seerosen-Rhizome werden schräg und flach mit der Triebspitze nach oben in mit Substrat gefüllte Pflanzkörbe gesteckt. Grober Kies als Auflage verhindert, daß die Wurzel aufschwimmt. Den so gewonnenen Ableger auf keinen Fall sofort ins tiefe Wasser setzen, sondern in einem separaten Kübel oder im gut durchwärmten Flachwasserbereich des Teichs vorziehen, bis sich erste kräftige Blätter gebildet haben.

Seekanne

In Wassertiefen von 10-100 cm ist diese zu den Enziangewächsen gehörende Schwimmblattpflanze zu Hause. Aus dünnen, sich im Bodenschlamm entwickelnden Rhizomen treiben im Frühjahr federkieldicke Stengel an die Wasseroberfläche. Aber erst im Juni sind die Schwimmblätter meist voll ausgebildet. Die Blüten der Seekanne entwickeln sich unter Wasser und erheben sich während der Blüte dann in prächtigem Gelb über die Oberfläche. Blütezeit: vom Juli bis in den September.

Teichrose

Die im Volksmund auch Mummel oder Nixblume genannte Gelbe Teichrose bevorzugt tieferes Wasser als die Seekanne. Bis zu 120 cm Wasserstand überwinden die aus dem Rhizom im Bodengrund austreibenden Stengel und bilden Unterwasserlaub wie auch Schwimmblätter. Die Teichrose ist ausgesprochen wuchsfreudig und kann daher nur für größere Teiche empfohlen werden. Ihre langgestielten gelben Blüten stehen einzeln über der Wasseroberfläche.

Die Blätter der Seekanne sind deutlich kleiner als die der Seerose. Die zarten gelben Blütenkelche zeigen sich im späten Sommer von Juli bis September

Die lang gestielten Blüten der Gelben Teichrose stehen einzeln über der Wasseroberfläche und präsentieren fünf gelbe Kelchblätter, die einer kleinen Krone gleichen. Das Unterwasserlaub der Pflanze grünt auch im Winter

Unterwasserpflanzen

Für einen gesunden Gartenteich sind die unter der Wasseroberfläche grünenden Pflanzen besonders wichtig. Sie produzieren den für die Fische wichtigen Sauerstoff, wirken wasserreinigend und algenhemmend. Zu nennen sind hier vor allem der Frühlingswasserstern, das Hornkraut, die Nadelsimse, die Wasserpest, die Wasserfeder und das Quirlblättrige Tausendblatt. Unterwasserpflanzen sollten bei keiner Erstbepflanzung von Teichen fehlen.

Schwimmpflanzen

Die bekannteste Schwimmpflanze ist die Wasserlinse. Fast immer wird sie mit neuen Pflanzen eingeschleppt. Sie ist aber leicht unter Kontrolle zu halten und besitzt eine ausgezeichnete Wasserreinigungskraft. Weitere Schwimmpflanzen sind der Froschbiß und vor allem die attraktive Krebsschere, die ihre stachelig gesägten Blätter sternförmig austreibt. Wasserhyazinthe, Großer Algenfarn und Wassersalat sind als tropische Schwimmpflanzen auf frostfreie Überwinterung in Haus oder Keller angewiesen.

Schwimmpflanzen wie Wassersalat oder Wasserhyazinthe werden einfach auf die Teichoberfläche gesetzt. Ihre Nahrung holen sie sich direkt aus dem Wasser

Der Wassersalat (Muschelblume) ist in unseren Breiten nicht winterfest. Im Herbst sollte man die Pflanzen von der Teichoberfläche absammeln und dann frostfrei bei 17-20 °C in einem Wasserkübel überwintern

Tiere im Gartenteich

Kleintiere und Insekten stellen sich im naturnah
angelegten Gartenteich von selbst ein. Schnecken,
Muscheln und Fische werden gezielt eingesetzt

Fische – ja oder nein?

Neben der artenreichen Fauna, die sich den Gartenteich ohne menschliches Zutun erobert, gibt es auch einige Tiere, die man auf jeden Fall kaufen und einsetzen sollte. Dazu gehören an allererster Stelle die Wasserschnecken. Sie ernähren sich von absterbenden Pflanzenteilen und tragen somit wesentlich zur Reinigung des Wassers bei. Pro Quadratmeter Oberfläche sollten etwa fünf Schnecken eingesetzt werden. Spitzschlammschnecken und Posthornschnecken sind die bekanntesten heimischen Arten.

Auch die Teichmuschel verbessert die Qualität des Wassers im Gartenteich. Täglich filtert sie eine große Menge Wasser und hält so die Algen kurz. Will man Bitterlinge im Teich ansiedeln, ist die Teichmuschel ohnehin unerläßlich, weil das Bitterlingsweibchen seine Eier in die Muschel legt, die anschließend den Samen des Männchens aufsaugt. Auch die Muschel profitiert von dieser Partnerschaft, weil ihre Larven von den geschlüpften Bitterlingen verbreitet werden. Teichmuscheln werden in flachen, mit Sand gefüllten Schalen auf den Teichboden gesetzt.

Beim Fischbesatz scheiden sich die Geister. Für einen naturnahen Gartenteich sind neben den Bitterlingen eigentlich nur noch andere heimische Kleinfische wie Stichling, Moderlieschen und Elritze zu empfehlen. Will der Teichbesitzer auf Goldfische, Goldorfen oder gar Kois nicht verzichten, muß er in Kauf nehmen, daß diese Fische das Wasser verschmutzen können. Eventuell muß die Selbstreinigungskraft des Wassers dann durch künstliche Filter (s. S. 52) unterstützt werden.

Insekten stellen sich ohne menschliches Zutun schon nach kürzester Zeit an jedem neu angelegten Gartenteich ein. Am häufigsten sind Wasserläufer und Rückenschwimmer. Mitunter fliegen auch die großen Gelbrandkäfer zu, die sich durch ungezügelten Appetit auszeichnen. Kaulquappen und kleine Fische können ihnen zum Opfer fallen. Nicht zuletzt sind es die verschiedenen Libellenarten, die das Leben am Teich bereichern. Ihre Larven leben drei bis vier Jahre unter Wasser.

Im Sommer setzen sich Wasserfrösche gern auf große Seerosenblätter, um dort die Sonne zu genießen und gleichzeitig nach Insekten-Beute Ausschau zu halten

Goldfische lassen sich problemlos auch in kleineren Gartenteichen halten. Da sich die Fische stark vermehren, muß der Besatz regelmäßig reduziert werden

Libellen gehören zu den attraktivsten Besuchern am Gartenteich. Sie benötigen das feuchte Element um ihre Eier abzulegen, aus denen sich Larven entwickeln

Technik am Gartenteich

Den Teich möglichst natürlich erscheinen zu lassen,
ohne auf sinnvolle technische Hilfen zu verzichten, ist
eine Kunst. Hier einige Tips und Ratschläge dazu

Hilfestellungen für die Natur

In der Diskussion um technisches Zubehör am Gartenteich stößt man zuweilen auf die Extremposition, daß keinerlei Eingriffe in die Entwicklung der natürlichen Tier- und Pflanzenwelt erlaubt seien. Selbstverständlich kann man nichts falsch machen, wenn man die Entwicklung des Biotops Gartenteich der Natur überläßt. Es ist nur eine Frage der Zeit, bis Tiere und Pflanzen einen richtig angelegten Teich besiedeln. Diese Zeit kann jedoch in einem von der Natur abgeschotteten Wohngebiet recht lang werden.

Bewährt hat sich das Konzept, einen Teich den ökologischen Gegebenheiten des Standorts anzupassen und dies – wo nötig – auch mit technischen Hilfsmitteln zu unterstützen. Dabei sollte man jedoch nicht nur mit der Technik zurückhaltend umgehen, sondern sich auch vor allzu exotischem Pflanzenbesatz hüten. Daß man nicht die freie Natur zugunsten des eigenen Teichs plündert, dürfte ohnehin selbstverständlich sein. Kaufen Sie Wasserpflanzen beim Händler und vielleicht noch einige Wasserschnecken, die beim Sauberhalten des Wassers helfen. Insekten stellen sich nach kurzer Zeit von selbst ein.

Die meisten Teichbesitzer wollen das Leben im Teich auch sehen. Heimische Kleinfische leben im Gartenteich jedoch fast nur im Verborgenen. Also setzt man Goldfische, Goldorfen oder Koi-Karpfen ein, die sich an der Wasseroberfläche tummeln und bei regelmäßiger Fütterung sogar handzahm werden.

Auch wenn im naturnahen Teich der Goldfisch nichts zu suchen hat, wird man Teichfreunden die Haltung kaum verbieten können. Starker Besatz mit Goldfischen führt aber schnell dazu, daß das Wasser umkippt. Hier sollte die Zahl der Fische in Grenzen gehalten werden und bei der Fütterung Zurückhaltung walten.

Zugleich kann richtig eingesetzte Technik wie etwa ein Wasserspiel den Sauerstoffgehalt des Wassers deutlich erhöhen. Mit moderner Pumpentechnik lassen sich sogar komplette Bachläufe anlegen, die wiederum neue Perspektiven für Flora und Fauna bieten.

Wasserspeier wie diese Terracotta-Figuren haben nicht nur eine dekorative Funktion. Über die ständige Wasserbewegung bringen sie Sauerstoff in den Teich

Wasserspiele müssen in Größe und Spritzbild genau auf den jeweiligen Gartenteich abgestimmt werden. Für die meisten Pumpen gibt es verschiedene Düsen

Pumpen-Technik für den Wassergarten

Bei den Umwälzpumpen, die man für Spring-brunnen, künstliche Bachläufe und Filteranla-gen im Gartenteich einsetzt, sind insgesamt drei gängige Typen von Antriebsmotoren zu unterscheiden.

Zunächst gibt es Einphasen-Synchronmoto-ren mit Permanentmagnet-Rotor. Sie weisen geringe Baumaße auf und sind so konstruiert, daß die elektrischen Teile in einem wasser-dicht vergossenen Gehäuse untergebracht sind. Einen in das Pumpengehäuse gesteck-ten und durch Wasser geschmierten magneti-schen Rotor versetzt man durch die Motordre-hung in Bewegung, ohne daß er mit diesem mechanisch verbunden ist. Sein Nachteil: Der Rotor hat als Verschleißteil nur eine Leben-serwartung von etwa 15 000 Betriebsstunden. Allerdings kann jeder Laie die Pumpe zerle-gen, den Rotor reinigen und gegebenenfalls ersetzen. Der zweite Nachteil ist wichtiger:

Einphasen-Synchronmotor mit Permanentmagnet-Rotor: Dieser Pumpentyp bietet den Vorteil geringer Baumaße. Die Elektrik ist wasserdicht vergossen

Hier der zerlegte Motor. Zum Reinigen läßt sich bei Bedarf der komplette Rotor ausbauen. Eventuell am Perma-nentmagneten haftende Eisenspäne werden entfernt. Ist der Rotor nach Jahren verschlissen, tauscht man ihn aus

Eine elektronische Regelung ist nicht möglich. Leistungsstärker und komfortabler sind Pumpen mit Asynchronmotoren, die als sogenannte Spaltrohr- und Naßläuferpumpen ausgelegt sind. Hier ist ebenfalls der Rotorraum mit Wasser gefüllt. Zum elektrischen Teil hin besteht eine statische Abdichtung, die nicht mit beweglichen Teilen in Berührung kommt. Pumpen mit Spaltrohr-Asynchronmotoren gelten als weitgehend verschleißfrei bei einer Lebenserwartung von knapp 30 000 Betriebsstunden. Zudem lassen sie sich bequem elektronisch regeln.

Besonderen Komfort bietet hier die neue Teichpumpenserie Aqua Control der Firma Heissner. Hier läßt sich die Pumpenleistung über eine Infrarot-Fernbedienung drahtlos von der Terrasse aus steuern.

Für Teichpumpen wird teilweise auch der sogenannte Spaltpolmotor eingesetzt. Er ist einfacher konstruiert und wesentlich preiswerter, besitzt aber einen entscheidenden Nachteil: Die verlängerte Motorwelle ist gleichzeitig die Pumpenwelle und verbindet den elektrischen mit dem wasserdurchfluteten Teil der Pumpe. Um den Motor vor Wasser zu schützen, sind zwei Dichtungen um die Welle gelegt, die naturgemäß verschleißanfällig sind. Die Zahl der Betriebsstunden ist gegenüber dem Spaltrohr- oder Naßläufermotor deutlich geringer. Zudem ist der Wirkungsgrad durch die Reibung der Dichtungen niedriger.

Neben den Pumpen für 230-Volt-Betrieb sind auch Modelle zum Betrieb mit geringen Spannungen von 12 oder 24 Volt im Handel. Diese Niedervoltpumpen sind zwar durch den erforderlichen Transformator teurer, bieten aber dafür aufgrund der ungefährlichen Kleinspannung eine erhöhte Sicherheit.

Zum stationären Aufbau im Trockenen sind Hochleistungs-Kreiselpumpen ausgelegt. Sie erreichen Förderhöhen von teilweise mehr als 40 Metern und sind für die unterschiedlichsten Zwecke zu verwenden. Vor der ersten Benutzung und nach längerem Stillstand muß man Kreiselpumpen mit Wasser füllen, sonst saugen sie kein Wasser an und nehmen beim Trockenlauf leicht Schaden.

Ein zwischen Anschlußstecker und Steckdose geschalteter Drehzahlregler ermöglicht die Steuerung der Pumpenleistung von Terrasse oder Wohnzimmer aus

Für gelegentliche Einsätze bieten sich Bohrmaschinen-Pumpen an. Mit einer 400-W-Bohrmaschine betrieben, fördern sie bis zu 3000 Liter in der Stunde

Mit Druckpumpen lassen sich je nach Leistung erstaunliche Höhenunterschiede überwinden. Sie eignen sich daher beipielsweise für das Fördern von Gießwasser

Wasserspiele und Fontänen

Nicht nur das optisch reizvolle Schauspiel, sondern auch das beruhigende Plätschern des fließenden Wassers macht Fontänen für viele Teichbesitzer interessant. Mittlerweile gibt es daher ein sehr großes Angebot auf diesem Gebiet. Ein Wasserspiel sollte also sorgfältig ausgesucht und passend zu den jeweiligen Gegebenheiten geplant werden.

Die gewünschte Fontäne und die Leistung der zugehörigen Pumpe müssen genau aufeinander abgestimmt sein. Hohe Fontänen mit großem Wasserdurchsatz erfordern wesentlich stärkere Pumpen als kleine Schaumsprudler oder Wasserglocken. Hier bieten die Herstellerkataloge meist eine gute Entscheidungshilfe. Fontänenaufsätze und Pumpen sind einander so zugeordnet, daß man die passenden Kombinationen leicht erkennt. Detaillierte Tabellen und Diagramme zeigen zudem beispielsweise, welche Springhöhen eine Fontäne mit einem bestimmten Pumpenaggregat erreicht.

Der Schaumsprudler ist ein idealer Sauerstoffspender für kleine Teiche, die mit Zierfischen besetzt sind. Im Sommer wird so die Wasserqualität deutlich verbessert

Der Mühlstein gehört zu den ruhigeren, aber dennoch attraktiven Wasserspielen. Er bietet sich zum Beispiel bei größeren Gartenteichen an, zu deren Proportionen kleine Springbrunnenfontänen nicht passen würden

Neben dem technisch Machbaren bestimmt in der Planung vor allem die Wasseroberfläche des Gartenteiches die Dimension des Wasserspiels. Mehrere Meter hohe Fontänen oder aufwendige und komplizierte Spritzbilder sind nur für sehr großflächige Teiche geeignet. Bei geringer bemessenen Teichflächen empfiehlt sich eher ein ruhiges Bild: vielleicht nur ein einzelner Wasserspeier oder zum Beispiel eine kleine Wasserglocke.

Auf Wunsch ist bei Wasserspielen auch Abwechslung möglich. Viele Springbrunnen sind schon als Set mit verschiedenen Düsen erhältlich. Durch Auswechseln der Fontänenaufsätze lassen sich so immer wieder neue Varianten schaffen.

Jedoch sorgt auch schon die Kombination eines Wasserspiels mit einer elektronisch geregelten Pumpe für Veränderungsmöglichkeiten. So kann man die Fontänenhöhe beliebig variieren und die Pumpenleistung der jeweiligen Fontänenart anpassen. Eine Faustregel sagt: Die maximale Fontänenhöhe sollte nicht größer als der Teichradius sein. Ansonsten könnte durch kräftigen Wind das hochgepumpte Wasser auch außerhalb der Teichfläche niedergehen. Unter ungünstigen Umständen würde auf diese Weise der Teich teilweise leergepumpt. Ist der Springbrunnen nicht in der Mitte des Teiches angebracht, muß man natürlich den Abstand zum nächstgelegenen Ufer als Richtgröße für die Fontänenhöhe wählen.

Kann man die Teichpumpe nicht elektronisch regeln, läßt sich ihre Leistung nur beeinflussen, indem gepumptes Wasser teilweise vor der Fontäne abgeleitet wird. In diesem Fall ist es günstig, die Pumpe so zu plazieren, daß man sie ohne große Mühe erreichen kann. Das gleiche gilt, wenn man gelegentlich den Fontänenaufsatz wechseln möchte.

Anders als die Fische, die sich gerne im sauerstoffreichen Wasser um die Fontäne aufhalten, mögen Seerosen das Wasserspiel gar nicht. Sie können durch ständige Benetzung Schaden nehmen. Bei der Teichplanung ist ihnen ein sonniger, geschützter Bereich abseits des Springbrunnens zu reservieren.

Hier ein besonders interessantes Spritzbild: Das aus der Springbrunnendüse gepreßte Wasser bildet einen sich nach oben öffnenden Kelch und tropft dann herunter

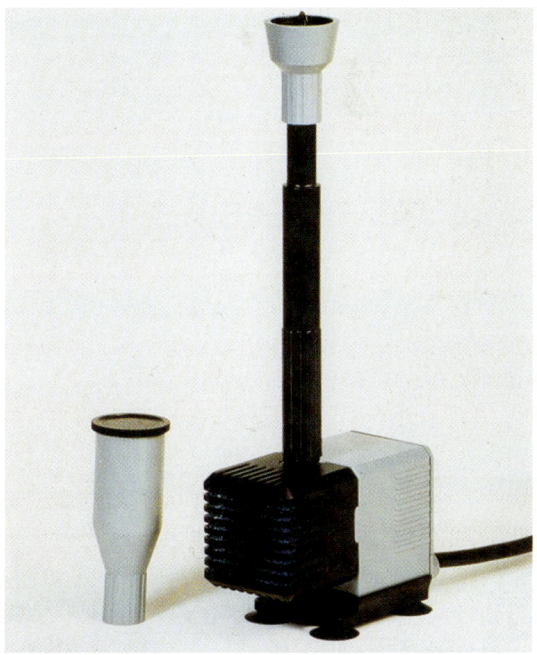

Springbrunnenpumpen können Sie mit verschiedenen Aufsätzen versehen, die sich bei Bedarf austauschen lassen. Zu einem Set gehören zwei oder drei Düsen

Mechanische Filter genügen meist für kleinere Teiche. Man koppelt sie bei Bedarf aneinander und betreibt sie mit der Springbrunnen- oder Filterpumpe

Teich-Filter unterstützen die Selbstreinigungskräfte

Trübes Wasser bereitet Teichbesitzern die meisten Probleme. In natürlichen Gewässern ist eine gewisse Trübung regelmäßig im Frühjahr und Herbst zu beobachten. Sie geht auf das Algenwachstum zurück und verschwindet von selbst wieder. Erst bei dauerhafter Trübung und ungehemmtem Algenwachstum sind Gegenmaßnahmen angebracht.

Im neu angelegten Teich kommt es durch den hohen Sauerstoff- und Nährstoffgehalt des frischen Wassers und aufgrund der ungehinderten Lichteinstrahlung anfänglich zu starkem Algenwachstum. Ist der Teich nur mit Pflanzen besetzt, klärt er sich nach einiger Zeit stets von alleine. Anders sieht es bei Fischteichen aus. Durch das Aufwühlen des Grundes und übermäßige Futtergaben kann sich die Trübung zum Dauerzustand auswachsen. Hier bieten Teichfilter eine bewährte Hilfe bei der Selbstreinigung des Wassers.

Die zum Betrieb eines Druckfilters erforderliche Teichpumpe setzt man ins Wasser und verbindet sie über einen Druckschlauch mit dem extern angeordneten Filter. Ein zweiter Schlauch führt das gereinigte Wasser zurück

Bei kleineren Teichen genügt ein mechanischer Filter vollkommen aus. Er wird mit einer vorhandenen Springbrunnenpumpe oder einer separaten Filterpumpe betrieben und filtert mit Hilfe eingelegter Schaumteile Verschmutzungen aus dem hindurchströmenden Wasser.

Im Fachhandel werden auch Wasserzusätze angeboten, die das Algenwachstum eindämmen und die Trübung beseitigen. Geht man jedoch den Ursachen der Trübung nicht auf den Grund, dann helfen solche Mittel nur zeitweilig. Besser als solch ein Eingriff in das Teichwasser ist es deshalb, die Selbstreinigungskräfte des Biotops zu unterstützen, damit ein stabiles Gleichgewicht entsteht.

Besonders wirksam sind biologische Wasserfilter. Sie sind als Saugfilter mit eigener Pumpe erhältlich, die im Teich plaziert werden, oder als Druckfilter, die außerhalb des Teiches ihren Platz finden und mit einer externen Pumpe betrieben werden. Biologische Filter enthalten als Grobfilter gegen mechanische Verunreinigungen eine Schaum-Matte. Das außerdem enthaltene Granulat des biologischen Filters fängt die Trübstoffe des Wassers auf, baut sie durch Millionen von Bakterien ab, die sich schon nach kurzer Zeit auf seiner Oberfläche ansiedeln, und wandelt sie in Nährstoffe für die Teichpflanzen um. Die Mikroorganismen halten so den wichtigen Stickstoffkreislauf in Gang.

Die Bakterien im biologischen Teichfilter sind auf eine kontinuierliche Wasserversorgung angewiesen. Zumindest bei akuter Trübung des Teichwassers sollte die Pumpe deshalb ununterbrochen laufen, bis das Wasser wieder klar ist und sich das Gleichgewicht im Teich stabilisiert hat.

Für eine ausreichende Filterung sollte sich das Teichwasser in 2 bis 6 Stunden einmal voll umwälzen. Für einen Teich von 3 x 3 m Größe braucht man eine Pumpe, die etwa 2000 Liter in der Stunde bewegt. Optimal ist die Filterwirkung, wenn man Pumpe und (Druck-)Filter möglichst weit voneinander aufstellt. So entsteht zugleich eine leichte Strömung zwischen den beiden Aggregaten.

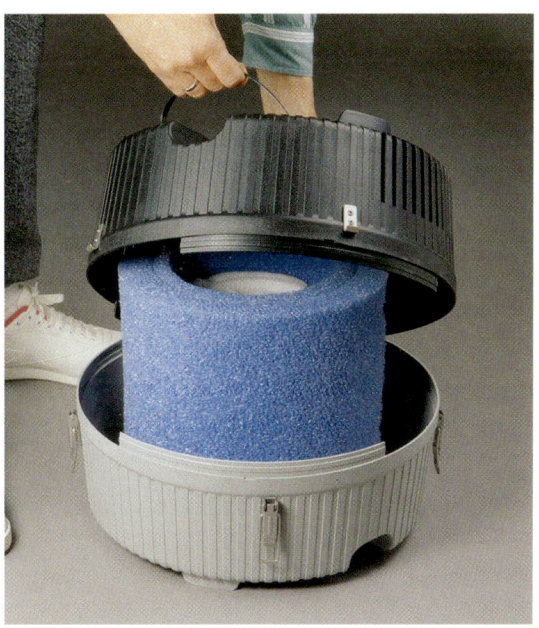

Bei kombinierten Biofiltern übernimmt nach der Vorreinigung durch den Filterschwamm (blau) eine Granulatfüllung die biologische Klärung des Wassers

Die im Inneren des Filters angeordnete Granulat-Patrone muß gelegentlich herausgenommen werden, um sie dann zur Reinigung gründlich durchzuspülen

*Auch ein Wasserspiel versorgt den Teich mit Sauerstoff.
So lassen sich dekorative Zwecke und biologische Not-
wendigkeiten elegant miteinander verknüpfen*

Teichbelüftung

Künstliche Teiche müssen zuweilen bei der Versorgung mit Sauerstoff unterstützt werden. Dies kann durch das gezielte Einsetzen von Pflanzen wie Wasserpest oder Hornkraut geschehen. Zuweilen sind jedoch auch technische Hilfsmittel nötig.

Bereits durch die Anlage dekorativer Elemente wie Fontänen, Bachläufen oder Wasserfällen wird als Nebeneffekt infolge der Wasserbewegung Sauerstoff in den Teich eingebracht. Je mehr Sauerstoff im Teich vorhanden ist, desto besser wird die Selbstreinigung des Wassers unterstützt.

Deutlich wirkungsvoller für die Sauerstoffanreicherung noch sind Luftzumischdüsen, die man beispielsweise auf eine ohnehin vorhandene Teichpumpe montiert. Über einen Schlauch wird bei dieser in der unteren Grafik dargestellten Anordnung Luft von der Wasseroberfläche angesaugt und dann mit dem geförderten Wasser gemischt.

Wenn Springbrunnenpumpe oder Filterpumpe nicht voll ausgelastet sind, können Sie eine Luftzumischdüse anschließen, die über einen Schlauch Frischluft von der Oberfläche holt und anschließend ins Wasser einbläst

Steht kein elektrischer Anschluß für den Betrieb einer Teichpumpe zur Verfügung oder will man bewußt auf elektrische Teichtechnik verzichten, gibt es dennoch die Möglichkeit, bei Bedarf den Sauerstoffhaushalt des Teiches zu unterstützen. Ein mit 30prozentigem Wasserstoffperoxid gefülltes Spezialgefäß stellt man auf den Teichgrund. Es gibt aus einer winzigen Öffnung ständig seinen Inhalt an das umgebende Wasser ab. Die Flüssigkeit wird durch das Sonnenlicht in Wasser und Sauerstoff aufgespalten. Dabei gibt im Laufe der Zeit eine Füllung mit einem Liter Wasserstoffperoxid soviel Sauerstoff ab, wie sonst in 20 000 Litern Wasser gelöst sind.

Während eines Winterhalbjahres reicht normalerweise eine einzige Füllung aus. In den Sommermonaten ist der Sauerstoffverbrauch der Lebewesen im Teich bei höherer Wassertemperatur deutlich größer. Dann reicht eine Füllung unter Umständen nur einen Monat lang aus. Nachfüllen müssen Sie immer dann, wenn der leere Behälter an die Oberfläche getrieben wird.

Winterdienst für den Teich

Aquarien-Mebranpumpen reichen bei akutem Sauerstoffmangel kaum für einen Teich. Jedoch können sie im Winter einen Teil der Oberfläche eisfrei halten. Man stellt sie dazu im warmen Zimmer auf und führt den Luftschlauch in den Teich. So perlt kontinuierlich sauerstoffhaltige Luft durch den Teich und verbessert auch die Wasserqualität

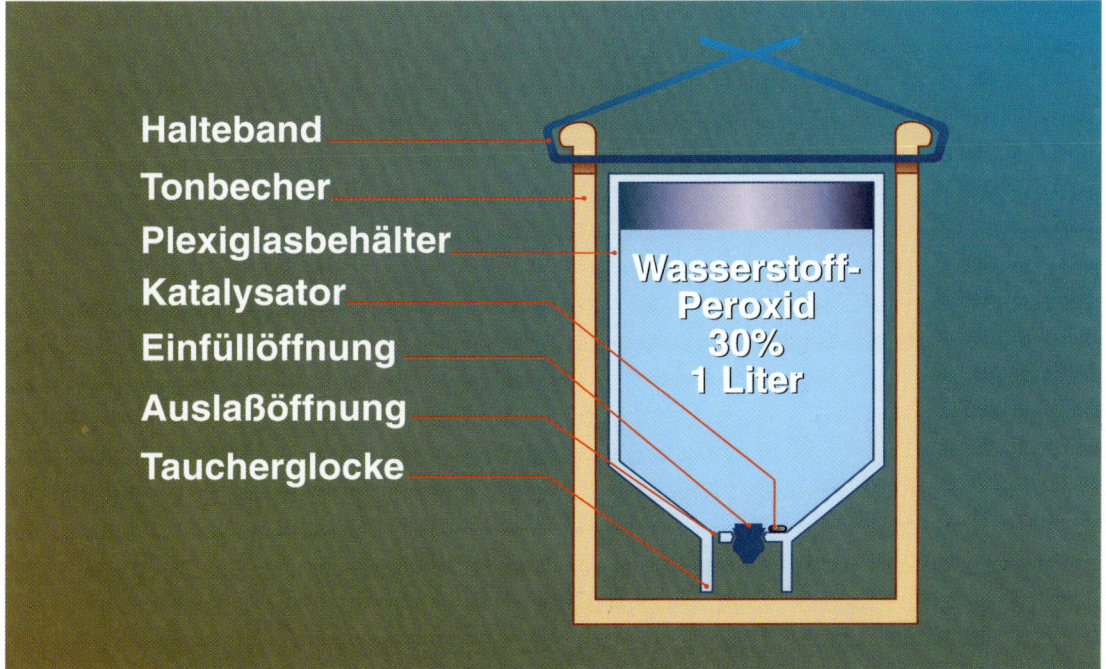

Halteband
Tonbecher
Plexiglasbehälter
Katalysator
Einfüllöffnung
Auslaßöffnung
Taucherglocke

Wasserstoff-Peroxid 30% 1 Liter

Im chemischen Sauerstoffspender befindet sich Wasserstoffperoxid, das sich in Wasser und Sauerstoff zersetzt und diesen dem Teichwasser bereitstellt. Das Spezialgefäß wird einfach auf den Teichgrund gestellt

Umweltfreundlich: Strom von der Sonne

Um Teichpumpen für den Einsatz von Springbrunnen, Bachläufen und Filtern zu betreiben, ist man nicht unbedingt auf die Stromversorgung aus dem Netz angewiesen. Die moderne Solartechnik macht's möglich: mit – abgesehen vom Preis der Solarzellen – kostenlosem Strom von der Sonne. Die Solarzellen, mit denen man den Strom gewinnt, sind photoelektrische Wandler, die das Sonnenlicht in Strom umsetzen.

Für den Betrieb von Teichpumpen ist die Solartechnik geradezu ideal. Vor allem im Sommer, wenn die Solarstrom-Ausbeute am größten ist, hält man sich am Gartenteich auf und möchte gerne das Plätschern des Springbrunnens genießen. Auch der durch die Umwälzung erhöhte Sauerstoffgehalt des Wassers, kommt dem verstärkten Bedarf der Pflanzen und Mikroorganismen in der warmen Jahreszeit sehr entgegen.

Der Handel bietet solare Pumpenanlagen als Set mit aufeinander abgestimmten Teilen an, die man nur noch zusammenstecken muß. Das Solarmodul stellt man in sonnengünstiger Position neben dem Teich auf, und schon fließt der Strom für einen Springbrunnen.

Wenn man nicht darauf besteht, die Pumpe auch bei schlechtem Wetter oder abends über einen zuvor geladenen Akku weiterzubetreiben, genügt die Zusammenstellung von Solarmodul und Pumpeneinheit. Die Pumpe läuft also nur bei ausreichend vorhandenem Sonnenlicht.

Wünscht man dagegen, daß die Pumpe immer im Einsatz ist, muß man einen geeigneten Akku dazwischenschalten. Besonders komfortabel sind automatische Ladestationen, die den integrierten Akku durch nicht direkt genutzten Solarstrom geregelt laden. Mit einem entsprechenden Tiefentladeschutz ist dafür vorgesorgt, daß der Akku sich niemals ganz entleert – denn das würde seine Lebensdauer erheblich verringern.

Solarzellen gewährleisten bei schönem Wetter alleine die Stromversorgung für Teichpumpen. Will man die Pumpe ständig betreiben, kann man einen Akku dazwischenschalten, der sonnenlose Phasen überbrückt

Mit der vom Solarpanel im Hintergrund gewonnenen Energie werden hier ein Mini-Waasserfall aus der Tonamphore und der kleine Springbrunnen betrieben

Teichbeleuchtung

Ab Einbruch der Dunkelheit lassen sich durch den geschickten Einsatz von Licht einem Teich neue dekorative Aspekte abgewinnen. Auch wenn die Faszination des beleuchteten Teiches zunächst weniger von seinen Eigenschaften als natürlicher Lebensraum auszugehen scheint, so kann man doch in der Dämmerung und nachts mit Hilfe der Leuchten am Teich vielfältiges Leben entdecken, das ansonsten im hellen Tageslicht verborgen bleibt.

Auf die meisten Wassertiere übt Licht eine eigenartige Anziehungskraft aus. Die Fische umkreisen neugierig die Lichtquellen, Süßwasserkrebse verlassen ihre verborgenen Verstecke. Frösche und Kröten jagen die zahlreich an den Lampen sich einstellenden Insekten.

Will man nur die Umgebung des Teiches anstrahlen, bieten sich spritzwassergeschützte Leuchten mit Erdspieß an, die man am Ufer einsteckt. Interessanter ist aber die Unterwas-

Hier tritt die Funktion des Teiches als Lebensraum deutlich hinter den dekorativen Aspekt zurück. Dem stimmungsvollen Licht der schwimmenden Wasserkugel wird sich indes auch der Naturfreund nicht entziehen können

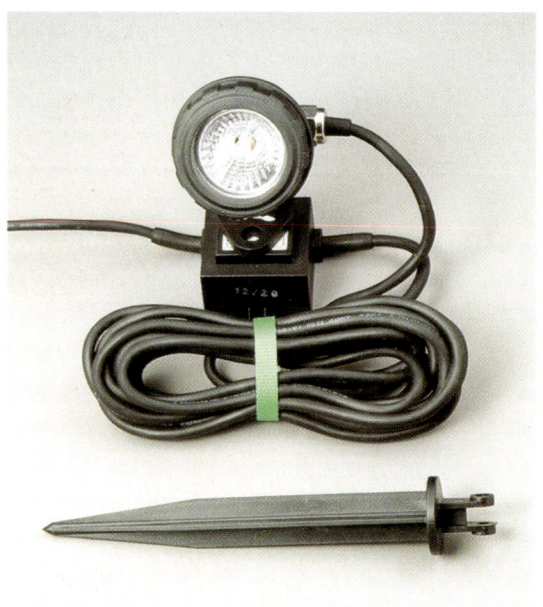

Universalscheinwerfer, die man wahlweise mit einem Erdspieß oder einem Standfuß ausrüsten kann, lassen sich an Land wie auch unter Wasser einsetzen

serbeleuchtung. Universalscheinwerfer lassen sich unter Wasser ebenso wie am Ufer betreiben. Damit sie im Teich eine feste Position einnehmen, kann man sie beispielsweise an eine Steinplatte schrauben, die man dann versenkt. Vorteilhaft sind Leuchten, bei denen sich die Strahlbreite einstellen läßt. Auch farbige Filterscheiben machen die Unterwasserbeleuchtung interessanter. Besondere Sicherheit bietet der Betrieb eines Scheinwerfers mit der Schutzkleinspannung von 12 Volt.

Wenn sich im Teich bereits eine Springbrunnenpumpe mit Fontänenaufsatz befindet, bietet sich die Kombination mit einer Beleuchtung an. Manche Pumpen besitzen bereits Befestigungsmöglichkeiten für Lampen. Andere kann man zusammen mit Lampen an einem Spezialstativ befestigen.

Grundsätzlich sollte man bei der Teichbeleuchtung eher behutsam vorgehen: Einzelne, geschickt dosierte Lichtakzente sind besser als ein Zuviel an Licht, das der Natur ihren Reiz nehmen kann.

Hier wird die um dunkeln aufsteigende Schaumfontäne eines Springbrunnens durch einen an die Pumpe gekoppelten Unterwasserscheinwerfer farbig beleuchtet

Schwimmende Kugelleuchte und illuminierte Fontäne in der Kombination. Ein Zuviel an Teichbeleuchtung kann allerdings auch die natürliche Atmosphäre stören

Elektrizität im Garten

Im Freien sind Stromunfälle meist besonders gefährlich: Über den feuchten Boden oder das Teichwasser besteht eine gute Verbindung zur Erde, so daß ein Fehlerstrom leicht tödliche Folgen haben kann. Es ist also bei der Installation von Teichtechnik ebenso wie der von anderen Stromverbrauchern im Garten wichtig, alle sinnvollen Schutzmaßnahmen zu ergreifen.

Die verwendeten Installationsmaterialien sollten ausdrücklich für den Außenbereich bzw. für Feuchträume geeignet sein. Werden Kabel in der Erde verlegt, müssen sie als Erdkabel zugelassen sein und mindestens 60 cm tief vergraben werden. Außensteckdosen sollte man von innen her abschalten können, um Einbrechern nicht ungewollte Hilfestellung zu geben.

Auf Nummer Sicher bei der Unfallverhütung geht, wer schon in der Hausverteilanlage einen Fehlerstrom-Schutzschalter (FI-Schutzschalter) einbauen läßt. Bei allen Neuanlagen gilt diese Ausstattung heute als Standard. Der FI-Schalter registriert es, wenn in den nachgeschalteten Stromkreisen durch einen beliebigen Defekt ein Fehlerstrom auftritt, und schaltet das Netz in Sekundenbruchteilen ab. Je nach Bauart reagiert der FI-Schalter meist bei Fehlerströmen von mehr als 30 mA. Lebensgefährliche Stromschläge sind damit ausgeschlossen.

Empfehlenswert für den Einsatz draußen sind Stecker mit einem integrierten FI-Schalter, mit denen sich beispielsweise Kabeltrommeln ausstatten lassen. Entsprechende Adapter steckt man zwischen Dose und Stecker und kann so einzelne Geräte absichern. Noch praktischer ist es, wenn man den normalen Schutzkontaktstecker an einem Gerät durch einen Personenschutzstecker ersetzt.

Wichtig in diesem Zusammenhang: Sowohl fest eingebaute FI-Schalter als auch Personenschutzadapter und -stecker besitzen einen Testknopf, den man etwa einmal im Monat betätigen sollte, um die Funktion der Sicherheitseinrichtung zu überprüfen.

Außensteckdosen müssen ebenso wie Feuchtraum-Installationen spritz- oder tropfwassergeschützt sein. Man sollte sie außerdem von innen abschalten können

Mit einem Schutzadapter können schwere Unfälle vermieden werden. Stellt er einen Fehlerstrom fest, wird der Stromkreis in Sekundenbruchteilen abgeschaltet

Teichbau-Projekte

Ein Gartenteich soll sich den Gegebenheiten
des Grundstücks harmonisch anpassen. Hier einige
besonders gelungene Teichbau-Projekte

Terrassen-Teich

Ein Teich bringt Leben in den Garten. Damit man es so richtig genießen kann, sollte die Wasserfläche von der Terrasse oder einem Gartendeck aus gut zu beobachten sein.

Der hier gezeigte Teich mußte in einiger Entfernung vom Haus angelegt werden. Um ihn dennoch zum Mittelpunkt des Freizeitlebens im Garten zu machen, wurde direkt daneben eine Holz-Terrasse gebaut, die zum Teil über die Wasseroberfläche ragt und so den unmittelbaren Kontakt zum Gartenteich herstellt.

Im Zuge der Erdarbeiten, für die man einen geliehenen Kleinbagger einsetzte, wurden neben der Teichmulde Streifenfundamente für die Holzterrasse gegossen. Die drei bis in frostfreie Tiefe reichenden Betonstreifen liegen quer vor der Teichmulde, so daß die Lagerbalken der Terrasse nach dem Andübeln etwa einen Meter weit über den Teichrand hinausragen konnten.

Als Baumaterial für das Holzdeck wurde wetterfeste American Red Cedar verwendet. Dieses Holz benötigt keine Imprägnierung und auch keinen schützenden Anstrich und hält dennoch über mehrere Jahrzehnte jeder Witterung stand. Zum Verschrauben der Deck-Bohlen auf den Lagerbalken sollte man rostfreie Edelstahlschrauben verwenden, damit das Holz nicht irgendwann durch häßliche Rostflecken verschandelt wird.

Die etwa 8 m lange und 4 m breite Teichmulde wurde an einem Ende zur Aufnahme eines Mühlsteins als Wasserspiel vorbereitet. Hier wurde eine 50 cm tiefe ebene Fläche geschaffen, stabilisiert durch eine 15 cm dicke Betonschicht. Immerhin drücken bei einem massiven Mühlstein einige Zentner über die als Unterbau dienenden Steine auf den Teichboden. Wie man einen solchen Mühlstein selbst gießt, wird auf Seite 65 gezeigt.

Der eigentliche Teichbau wurde nach dem bereits bekannten Prinzip mit Polstervlies als Unterlage und einer 1 mm dicken PVC-Teichfolie durchgeführt. Für die Ufergestaltung wurden große Kiesel verwendet.

Zuerst wurde die Teichform mit Holzpflöcken abgesteckt und der genaue Verlauf des Randes mit Sägemehl markiert. Dann erfolgte der Aushub per Bagger

Beim Gestalten der abgestuften Pflanzzonen war Handarbeit angesagt. Wichtig ist, daß später ein ausreichend großer Flachwasserbereich entsteht

Um die als Schalung dienenden Kanthölzer befestigen zu können, werden an den Enden der Gräben angespitzte Bretter in Breite der Fundamente eingeschlagen

Hier die vorbereiteten Schalungen vor dem Vergießen. Sie wurden exakt auf eine Höhe gebracht, damit man die Lagerbalken nicht mehr unterfüttern muß

Im Hintergrund die fertiggestellten Fundamente. Nun kann die modellierte Teichmulde mit überlappenden Bahnen aus Polstervlies ausgelegt werden

Beim Auslegen der Folie sollten zunächst einige Helfer anfassen. Man muß die Folie ein wenig anheben, damit das ausgelegte Polstervlies nicht verrutscht

Noch vor dem Einlassen des Wassers werden die Lagerbalken der Holz-Terrasse auf die vorbereiteten Streifenfundamente gelegt und sorgfältig ausgerichtet

Sind die Balken im Beton der Fundamente verdübelt, geht es ans Befestigen der Red-Cedar-Bohlen. Man kann sie von oben verschrauben oder auch ...

... unsichtbar von unten mit Hilfe von Winkelblechen an den Lagerbalken fixieren. Dabei ist ein Winkelbohrvorsatz für den Akkuschrauber erforderlich

Mühlstein selbst gegossen

Einen echten Mühlstein zu finden, den man zum Wasserspiel umfunktionieren kann, ist heute so gut wie unmöglich. Zumindest sind echte alte Stücke sehr teuer und müssen mit viel Aufwand zum neuen Einsatzort geschafft werden. Bedeutend einfacher ist es da, sich einen Mühlstein selbst aus durchgefärbtem Beton zu gießen.

Die Fotos zeigen Schritt für Schritt, wie es gemacht wird. Man baut sich eine Schalung in gewünschten Größe, die in der Mitte eine Aussparung zum Durchführen des Pumpenaufsatzes besitzt. Wie man sieht, wirkt der künstliche Mühlstein täuschend echt.

Der als Wasserspiel fungierende Mühlstein sollte ein wenig über der Wasseroberfläche aufgebaut werden, damit das Wasser von seiner Unterkante herabtropft

So wird die Schalung gebaut: Als Boden dient eine beschichtete Spanplatte; darauf fixiert man die aus Styropor geformte Aussparung sowie dünne Holzleisten

Die Randschalung besteht aus dünner Holzfaserplatte und wird durch Stützbrettchen stabilisiert. Beim Einfüllen des Betons zwei Armierungsgitter einlegen

Nach dem Ausschalen sieht der mit Farbpulver durchmische Beton wie roter Sandstein aus. Jetzt entfernt man die Leisten und den Styroporkern in der Mitte

So sieht das Lager für den Mühlstein aus. Er ruht auf übereinandergeschichteten Ziegelsteinen. Im Zentrum die Springbrunnenpumpe mit ihrem Düsenaufsatz

Gartenteich und Bachlauf aus Fertigteilen: Über zwei Bach-Elemente wird bei dieser Anordnung das Wasser in einen tieferliegenden Fertigteich geleitet

Wenn man den künstlichen Bach als Folienrinne anlegt, empfiehlt es sich, die Folie mit Steinen zu kaschieren und den Auslauf über flache Steinplatten zu leiten

Eine Alternative zum Wasserfall aus Steinen stellt diese Auslaufrinne aus Edelstahl dar. Das Ende der auf dem Blech liegenden Folie wird dann mit Kieseln bedeckt

Bachlauf am Teich

Ein ganz besonderes Flair bekommt Ihr Gartenteich, wenn Sie ihn mit einem künstlich angelegten Bachlauf kombinieren. Über einen kleinen Wasserfall scheint dann ständig frisches Quellwasser in den Teich zu strömen. Tatsächlich handelt es sich dabei natürlich um einen mit Pumpentechnik betriebenen Wasserkreislauf, aber durch die Bewegung und den Luftkontakt wird das Wasser im Bachlauf mit Sauerstoff angereichert.

Besandete Fertigteile

Wie die bereits auf Seite 25 gezeigte Steinfolie gibt es mittlerweile auch Bachlauf-Elemente die mit Sand und feinen Kieseln beschichtet sind und sich so harmonisch einpassen. Man braucht nur noch ein paar große Kiesel für die Randgestaltung

Künstliche Bauchläufe lassen sich wie die Gartenteiche selbst problemlos aus Folie gestalten. Länge und Gefälle werden ganz nach Wunsch und Gegebenheiten gewählt.

Beonders leicht geht der Bau eines Bachlaufs aber von statten, wenn Sie mit fertig gekauften Kunststoff-Schalen arbeiten, die einfach so angeordnet werden, daß das Wasser vom obersten Element in das nächst fließt und so stufenweise zum Teich geleitet wird. Der Endpunkt ist dann ein Wasserfall, den man beispielsweise aus Steinplatten baut. Die Fotos zeigen eine Auswahl verschieder Gestaltungsmöglichkeiten für einen Bachlauf.

Ist der ideale Platz abgesteckt, werden die Steine auf-
geschichtet. Die erste Lage der Trockenmauer muß aus
statischen Gründen eine möglichst breite Basis bilden

Auf Mörtel kann bei einer fachgerecht aufgebauten
Trockenmauer gänzlich verzichtet werden. Statt dessen
wird nur ein wenig Erde zwischen die Lagen gegeben

Nach drei Steinlagen hat die Teichumrandung bereits
die gewünschte Höhe erreicht. Der Innenraum wird
zu einer Mulde geformt. Dann die Teichfolie einlegen

Wenn man nun Wasser einfüllt, drückt sich die Folie
gegen die Konturen der Mulde und die überstehende
Folie kann mit der Schere abgeschnitten werden

Die letzte Steinreihe wird jetzt so aufgelegt, daß sie
den Folienrand völlig verdeckt. Bei Eisdruck im Winter
geben die locker aufgeschichteten Steine nach

Der vorbereitete Teich kann bepflanzt werden. Bei der
relativ geringen Wassermenge sollte man keinen
Bodengrund einfüllen und die Pflanzen in Körbe setzen

Hochgelegter Teich

Will man sich mühsame Erdarbeiten erspa-
ren, kann man seinen Gartenteich auch ganz
einfach in die Höhe bauen. Man benötigt eine
standfeste, bei Eisdruck aber dennoch flexible
Umrandung. Neben Holzpalisaden oder Be-
tonfertigteilen bieten sich dafür insbesondere
Natursteine an, die man zu einer Trockenmauer aufschichtet. Die Folie wird dann unter
die oberste Steinreihe gelegt.

Die Fotos zeigen die wichtigsten Schritte bei
der Realisierung eines solchen Teich-Pro-
jekts. Zunächst müssen die geeigneten
Steine herangeschafft werden. Da die Fracht-
kosten beträchtlich sind, sollte man sich einen
möglichst nahe gelegenen Steinbruch suchen, der entsprechende Platten liefern kann.

Wenn man die aufgeschichtete Trockenmauer
von außen mit geeigneten Steingartenpflan-
zen bestückt, paßt sich der hochgelegte Teich
sehr harmonisch auch in einen kleinen Reihenhausgarten ein.

*Die sich nach oben verjüngende Trockenmauer bildet
an ihrer Außenseite kleine Terrassen, auf die man
ein wenig Erde für eine Steingartenbepflanzung gibt*

*Schon nach wenigen Wochen haben sich die Pflanzen im Teich wie auch in den Ritzen der Trockenmauer bereits
gut entwickelt. Mit etwas Glück werden in den Hohlräumen zwischen den Steinen sogar Eidechsen heimisch*

Wassergarten aus Holz

Ein stattlicher Teich von knapp 30 m² Größe bildet den Mittelpunkt der hier vorgestellten Terrassenanlage. An drei Seiten wird die Wasserfläche von rustikalen Holz-Decks eingerahmt. Grundlage der Gartenpalnung war, daß man auf Rasen weitgehend verzichten wollte, um Platz für einen großzügigen Teich mit entsprechender Wassermenge zu schaffen. Denn die Erfahrung zeigt, daß sich ein dauerhaft stabiles biologisches Gleichgewicht um so leichter einstellt, je größer ein künstlich angelegter Teich ist.

Ein weiterer Grundgedanke, der die Planung bestimmte, war der Wunsch, das reichhaltige Leben im neuen Gartenteich möglichst bequem beobachten zu können. Deshalb erhielt der Teich eine quadratische Form mit 60 cm hohen Stützwänden an zwei Seiten. Diese Wände sind oben mit zwei parallel verlaufenden Sitzbrettern belegt. Hier kann man sich bequem niederlassen und den Fischen aus nächster Nähe zuschauen.

Die Stabilität der senkrechten Teichwände ist bei dieser Anlage besonders wichtig. Wenn man auf dem Rand sitzt, ist das Wasser zum Greifen nahe

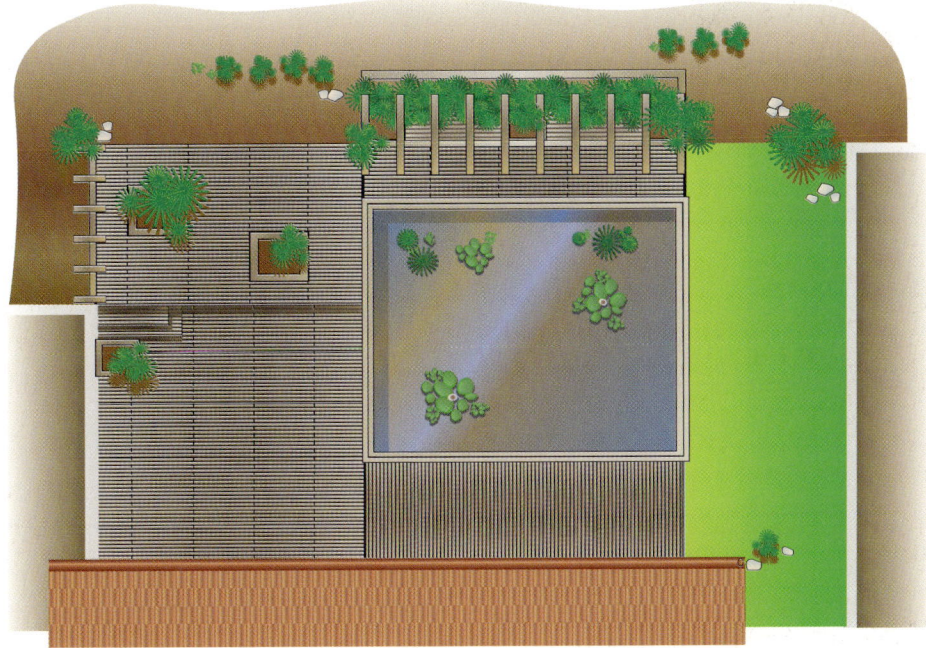

Der Wassergarten in der schematischen Draufsicht: Links befindet sich eine etwa 5 x 5 m große Terrassenfläche, dahinter ein erhöhter Bereich mit Pflanzinseln, an den sich rechts die Pergola mit den Sitzbänken anschließt

Die beiden Steilwände des Gartenteichs stehen.
Nun wird das Erdreich sorgfältig geglättet. Gegenüber
den Holzwänden werden Flachwasserzonen angelegt

Teichvlies schützt die Folie vor spitzen Steinen. Im Bereich der Wände wird das Vlies bis über die Hohlkehle gezogen, die die Bohlen gegen das Erdreich absperrt

Die Folie wird ausgebreitet. Das warme Sonnenlicht macht das 1 mm dicke Material weich und geschmeidig, so daß es sich den Konturen des Teichs gut anpaßt

Vorbereitete Kübel mit Seerosen werden noch vor dem Fluten auf die vorgesehenen Positionen gesetzt. Den übrigen Teichboden deckt man mit Kieselsteinen ab

Im Flachwasserbereich befinden sich Pflanzbeete aus Kies, der etwa 10 cm hoch eingefüllt und zum Steilufer hin durch eine Reihe Pflastersteine abgefangen wurde

So liegt die Folie nach dem Befüllen des Teiches über dem Beckenrand. Auf dünnen Lagerhözern befestigt man zuletzt die längsverlaufenden Sitzbretter

Die Grafik rechts unten zeigt Ihnen die senkrechte Teichwand im Schnitt. Für die Konstruktion war zu bedenken, daß es bei etwa 90 cm Wassertiefe einen enormen Druck aufzufangen gilt. Zudem muß die Wand auch frostsicher sein. Eine dicke Eisschicht auf dem Teich kann nämlich zusätzlichen Druck erzeugen, der sich dann auf die Steilwände überträgt. Stabilität bei gleichzeitiger Elastizität war also gefragt.

Die beiden den Steilwänden gegenüberliegenden Teichränder erhielten eine abgestufte Anschüttung, so daß dort Flachwasserbereiche entstehen konnten, die zum Rand hin sanft auslaufen. Auf diese Weise verhindert man, daß sich im Winter ein zu hoher Eisdruck aufbaut. Eine Eisplatte kann sich in der flachen Zone über den Teichrand schieben.

Als Traggerüst der Steilwände wurden verzinkte Stahlrohre (60 mm Durchmesser), wie man sie für den Gerüstbau verwendet, in Abständen von etwa 50 cm einbetoniert. Massive Gerüstdielen (30 mm dick) hat man anschließend innen und außen gegen die Rohre gelegt und von beiden Seiten miteinander verschraubt. Wenn Sie bei dieser Konstruktion direkt neben den Rohren schrauben, ziehen sich die Bretter nicht zusammen.

Ein Bohlenstreifen von 90 mm Breite bildet die obere Abdeckung der tragenden Teichwand. Damit die Bohlen nicht feucht werden können, wurde an der Wasserseite im Bodenbereich eine Hohlkehle aus wasserdichtem Beton angelegt.

Im nächsten Schritt ging es dann ans Ausbreiten einer Vlieslage, die kleinere Unebenheiten des Untergrunds ausgleicht. Darauf wurde direkt die Teichfolie von 1 mm Stärke gelegt. Für diese Arbeit ist ein warmer Sommertag ideal, weil sich dann die Folie besonders leicht an die Teichkonturen anpassen und im Bereich der Innenecke falten läßt. Die Folie wird über die Wände und Teichränder gezogen. Randabdeckungen und Sitzauflagen an den beiden Steilwänden dürfen allerdings erst nach Befüllen des Teiches angebracht werden, da der Wasserdruck die Folie stets noch ein wenig nach innen zieht.

Die fertiggestellte Teichwand: Sie ist Stützmauer und Sitzfläche in einem. Im Eckbereich wurden die Deckbretter aus imprägniertem Holz verzahnt angeordnet

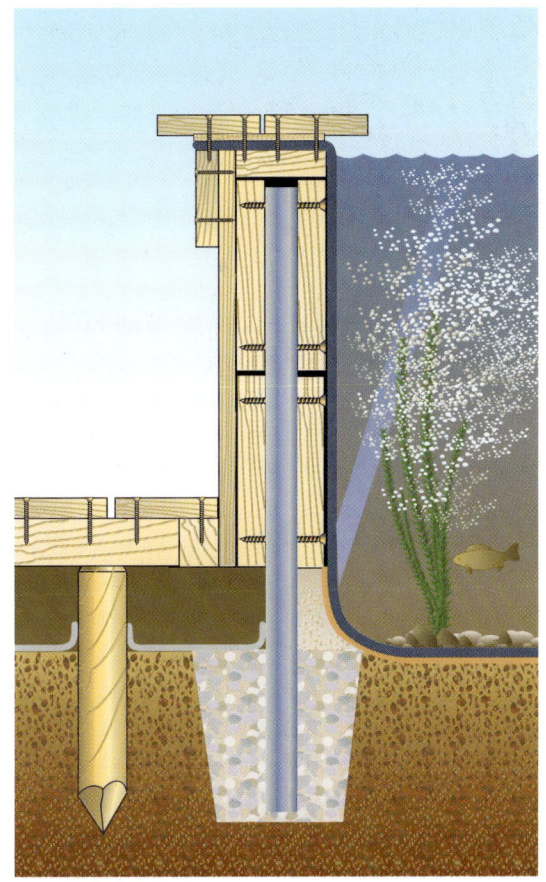

Der Aufbau der Teichwand im Schnitt: Das Traggerüst bilden einbetonierte Rohre. Innen und außen werden sie mit 30 mm dicken massiven Bohlen verkleidet

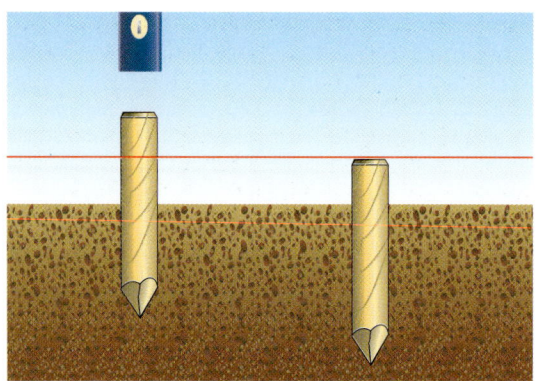

Mini-Palisaden werden als Traghölzer für den Unterbau der Holzterrasse in das Erdreich getrieben. An einer Schnur können Sie die Höhe der Hölzer ausrichten

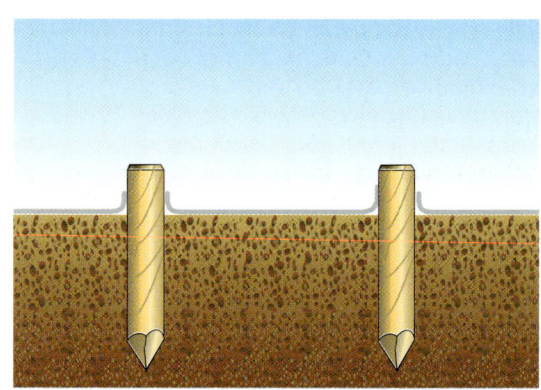

Auf das Erdreich legt man anschließend eine gelochte Spezialmatte aus Kunststoff, die zwar Regenwasser durchläßt, aber späteren Unkrautwuchs verhindert

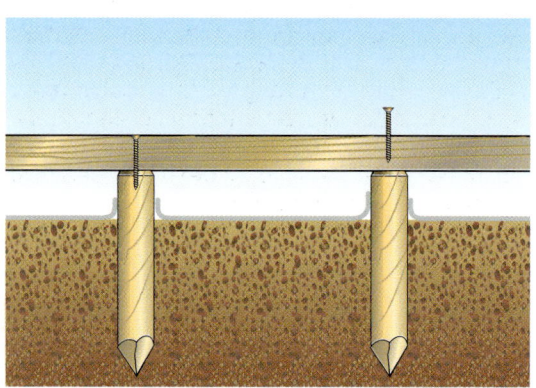

Auf die in gleicher Höhe befindlichen Palisadenköpfe werden nun Kanthölzer von 70 x 70 mm geschraubt, die als Lagerbalken für die Terrassenbretter dienen

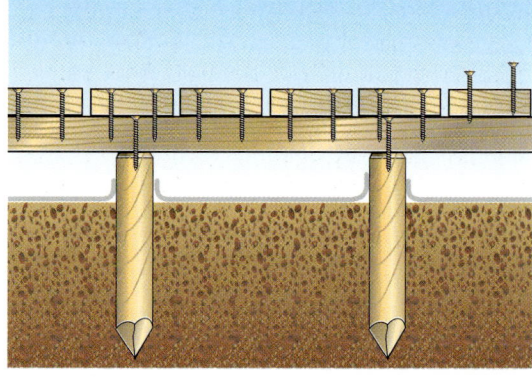

Auf der so vorbereiteten Unterkonstruktion können Sie die Bretter verschrauben. Seitenabstände von 5 mm erlauben es dem Holz, sich bei Feuchtigkeit auszudehnen

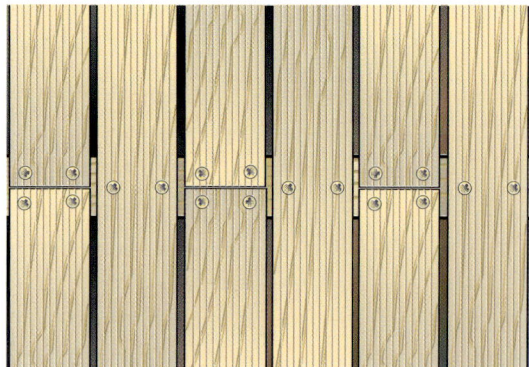

Immer dann, wenn die Bretter in der Länge gestoßen werden müssen, bildet man einen sogenannten versetzten Verband. Die Schrauben bestehen aus Edelstahl

Alternative zum oben gezeigten Unterbau: Im Sandbett ausgerichtete Gehwegplatten mit einer Auflage aus Bitumenpappe gegen aufsteigende Bodenfeuchtigkeit

Wie die Übersichtszeichnung auf Seite 69 zeigt, wird der Gartenteich bei unserer Terrassenanlage an drei Seiten von Holzflächen eingerahmt. Ein etwa 5 x 5 m großes Holzdeck links bietet Platz für Gartenmöbel. Dahinter schließt sich ein um 60 cm erhöhter Bereich an, der durch zwei Pflanzinseln aufgelockert wird. An der dem Haus abgewandten Teichseite wurde eine Pergola errichtet, die zwischen großen Pflanzkästen zwei integrierte Sitzbänke bietet, von denen aus man einen wunderschönen Blick über die Wasserfläche genießen kann (großes Bild auf Seite 68).

Die Zeichnungen links zeigen, wie die Terrassenflächen konstruiert sind. Kesseldruckimprägnierte Palisadenhölzer von 70 mm Durchmesser und 500 mm Länge wurden auf gleiche Höhe in den zuvor verdichteten Füllkies getrieben, aus dem man die Terasse angeschüttet hatte. Quer zur Hausfront wurden dann 70 x 70 mm starke Kanthölzer als Lagerbalken auf die Palisadenköpfe geschraubt. Nun konnten die Bodenbretter (25 x 145 mm) mit versetzten Stößen aufgeschraubt werden.

Ein 5-mm-Abstand zwischen den Brettern gibt ihnen ausreichend Spiel, um sich bei Durchfeuchtung ausdehnen zu können.

Wenn Sie direkten Erdkontakt der hölzernen Unterkonstruktion vermeiden wollen (was deren Lebensdauer deutlich verlängern kann), setzen Sie die Lagerbalken auf Gehwegplatten, die im Sandbett höhengleich ausgerichtet werden. Als zusätzliche Feuchtigkeitssperre dienen bei dieser Konstruktion untergelegte Streifen aus Bitumenpappe (siehe letzte Zeichnung auf der linken Seite).

Sehr dauerhaft, aber recht aufwendig sind Konstruktionen, bei denen die Lagerhölzer seitlich mit Metall-Laschen verschraubt werden, die man einbetoniert. Auf jeden Fall ist ein sorgfältig angelegtes Holzdeck ebenso dauerhaft wie eine gefliste Terrasse, bei der sich über kurz oder lang meist Frostschäden einstellen. Wichtig: Benutzen Sie zum Befestigen der Bodenbretter nur Schrauben aus rostfreiem Edelstahl, sonst bekommt das Holz schnell unschöne Flecken.

Holz ist das dominierende Material bei der hier gezeigten Terrassengestaltung mit hochgelegtem Teich. Die kesseldruckimprägnierten Bretter besitzen eine gefräste Riffelung, die der Oberfläche Rutschfestigkeit verleiht

Teichpflege

Ein naturnah angelegter Teich verlangt nur sehr wenig
an Pflegemaßnahmen. Dennoch sollte man mindestens
einmal pro Woche nach dem Rechten sehen

Kontrolle und Pflege

Jeder echte Gartenteich-Fan schaut in der schönen Jahreszeit ohnehin täglich nach seinem liebevoll gepflegten Biotop. Bei diesem täglichen Kontrollgang schaut man vor allem nach dem Wasserstand, um bei starker sommerlicher Verdunstung Frischwasser oder gesammeltes Regenwasser nachzufüllen.

Bei einem Zierfischteich kann man täglich in kleinen Mengen füttern. Bei dieser Gelegenheit sollten Sie den Gesundheitszustand der Fische überprüfen. Offensichtlich kranke Tiere am besten sofort mit dem Kescher herausfischen und in ein separates Becken oder einen Wasserkübel setzen. Grundsätzlich nur soviel Futter geben, wie von den Fischen sofort gefressen wird.

Einmal in der Woche sollten Sie, falls es Probleme mit der Wasserqualität gibt, den pH-Wert testen und die Temperatur prüfen. Bei zu starkem Aufkommen werden Algen und Wasserlinsen abgefischt. Auch abgesunkene Seerosenblüten sowie vergilbte und kranke Pflanzenteile entfernen.

Einmal im Monat werden Springbrunnenpumpen und Filter eingehend kontrolliert und gegebenenfalls gereinigt. Spätestens dann, wenn Sie ein deutliches Nachlassen der Pumpenleistung beobachten, ist eine Reinigung des Aggregats fällig. Vor einer Überprüfung oder Reinigung von Teichpumpen müssen Sie stets den Netzstecker ziehen. Dann nehmen Sie das Gerät an seinem Haltegriff oder einer angebrachten Zugleine aus dem Wasser. Ziehen oder tragen Sie Teichpumpen niemals am Anschlußkabel!

Bei der Reinigung einer Pumpe wird zunächst das Gehäuse gesäubert. Dann entfernt man das Einlaufsieb, spült es duch und reinigt anschließend den dahinter befindlichen Filterschwamm. Um Verschmutzungen aus dem Rotorraum hinauszuschwemmen, setzen Sie einen Gartenschlauch auf den Auslaßstutzen der Pumpe und spülen sie auf diese Weise gründlich durch. Springbrunnenpumpen, vor die man einen Teichfilter geschaltet hat, verschmutzen deutlich weniger stark.

Verschmutzungen und abgestorbene Pflanzenteile werden regelmäßig aus dem Teich gefischt, um das Wasser sauber zu halten. So bildet sich kein Bodenschlamm

In Zierfischteichen kann ein sogenannter Eisfreihalter dafür sorgen, daß ein natürlicher Gasaustausch stattfindet. Keinesfalls eine feste Eisdecke aufhacken

Filterpumpen in frostfreier Tiefe können den ganzen Winter über durchlaufen. Sie verbessern die Wasserqualität und halten den Teich durch Abwärme eisfrei

Wenn Sie das Gehäuse der Pumpe öffnen, wird der Filterschwamm sichtbar, den man von Verschmutzungen reinigt. Auch das vorgeschaltete Sieb durchspülen

Ein Gartenschlauch, in den Auslaßstutzen gesteckt, spült die Pumpe entgegen der normalen Fließrichtung durch. So wird der Rotorraum gründlich gereinigt

So kommt die Teichpumpe ins Winterlager: Gut gereinigt setzt man sie in einen wassergefüllten Eimer. Lager und Dichtungen dürfen auf keinen Fall austrocknen

Im Winter können Sie eine Teichpumpe problemlos im Wasser lassen, wenn keine Gefahr des Durchfrierens besteht. Läßt man sie durchlaufen, versorgt sie den Teich mit zusätzlichem Sauerstoff und hält ihn durch die Motorwärme auch weitgehend eisfrei.

Pumpen, die zur Überwinterung aus dem Teich genommen werden, reinigt man, montiert die Düsen ab und stellt sie dann in einen mit Wasser gefüllten Eimer. Haben sich Kalkablagerungen gebildet, können Sie dem Was-

Anlaufhilfe

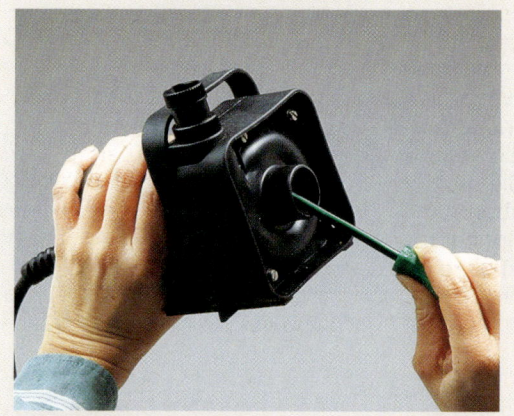

Nach längerem Stillstand kann eine Teichpumpe Anlaufprobleme haben. Der Rotor hat sich dann meist durch Ablagerungen festgesetzt. In diesem Fall bei gezogenem Netzstecker das Flügelrad mit Hilfe eines Schraubenziehers vorsichtig drehen

ser einen Spezialreiniger zugeben, der die Ablagerungen während der Wintermonate auflöst. Auf keinen Fall darf eine Pumpe trocken gelagert werden. Ihre Lager und Dichtungen könnten spröde werden.

Teichfilter verschmutzen je nach Belastung des Wassers mehr oder weniger schnell. Läßt der Rückfluß deutlich nach, müssen Sie die enthaltenen Filterschwämme oder -matten gründlich ausspülen. Bei Bio-Filtern mit nachgeschalteter Granulatpatrone wird auch das Granulat gereinigt. Weist das Granulat an seiner Oberfläche starke Verkrustungen auf, muß es komplett ausgetauscht werden.

Teichpflege im Wechsel der Jahreszeiten

Im Frühling zeigt es sich, ob Tiere die unter Wasser überwintern, die kalte Jahreszeit möglicherweise nicht überstanden haben. Tote Frösche oder Fische müssen Sie sofort aus dem Teich entfernen.

Nach der Schneeschmelze werden auch alle abgestorbenen Pflanzenteile aus dem Teich gefischt. Zu üppiger Bewuchs von Schilf und Binsen kann nun gezielt ausgelichtet werden. Diese Arbeiten sollten Sie abgeschlossen haben, bevor Frösche und Kröten im zeitigen Frühjahr den Teich zum Laichen aufsuchen, damit die Tiere nicht gestört werden.

Während des Sommers sind Algen, Wasserlinsen und alle abgestorbenen Pflanzen ständig abzufischen. In der wärmsten Zeit müssen Sie auch die Wassertemperatur regelmäßig überprüfen. Bei Sauerstoffmangel sollte die Springbrunnenpumpe ständig durchlaufen. Pflanzen, die sich zu stark vermehren, können Sie auch im Sommer zurückschneiden, ehe sie ganze Teichbereiche überwuchern.

Im Herbst gilt es zunächst zu verhindern, daß größere Mengen Laub in den Teich geweht werden. Dazu gegebenenfalls ein Netz über die Wasserfläche spannen. Wer kein Netz benutzt, muß zumindest häufiger die Oberfläche abfischen. Absterbende Seerosenblätter werden im Herbst, so weit man sie erreichen kann, abgeschnitten. Röhricht und Pflanzenstiele aber auf keinen Fall entfernen, denn daran überwintern sehr viele Insektenlarven.

Exotische Teichpflanzen und frostempfindliche Seerosen noch vor dem ersten Frost zum Überwintern in bereitgestellte Kübel oder in Zimmerteiche setzen.

Während der Winterzeit schließlich sollte man den Tieren und Pflanzen im Gartenteich vor allem ihre Ruhe lassen. Auf keinen Fall dürfen Sie eine sich bei Frost bildende Eisschicht aufhacken. Sie helfen den Tieren dadurch nicht, denn der Sauerstoffgehalt des kalten Wassers ist relativ hoch und die Tiere haben bei niedrigen Temperaturen ihren Stoffwechsel ohnehin stark reduziert. Auch das Einbringen von Strohbündeln für den Gasaustausch muß als Unfug bezeichnet werden.

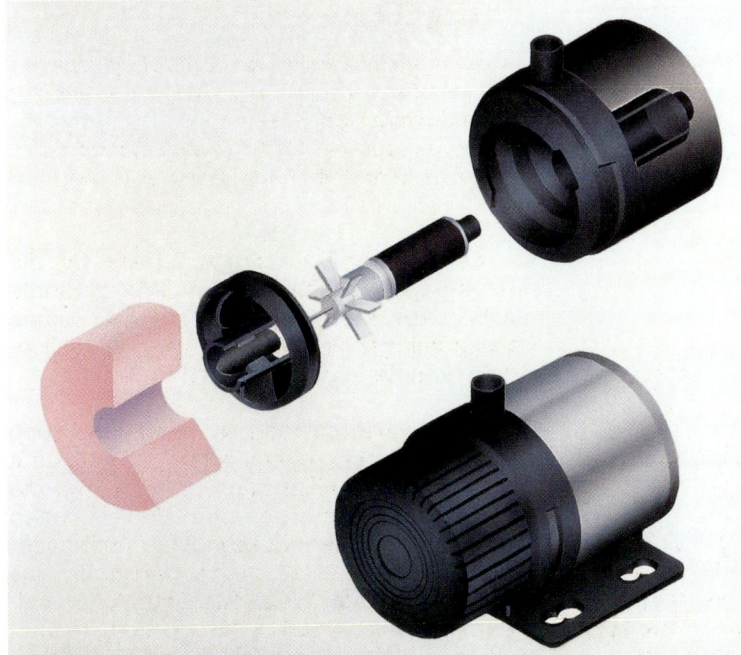

Hier die Elemente eines Synchronmotors, der die meisten Teichpumpen antreibt, in der schematischen Darstellung. Vor der Winterpause wird eine solche Pumpe komplett auseinandergenommen und gründlich gereinigt

Typische Probleme lösen

• Das Wasser wird auffallend trübe.
Ursache: akute Überdüngung des Teichwassers durch Stickstoff und Phosphate.
Lösung: einen leistungsstarken Teichfilter einsetzen; Spezialschwarztorf (Fachhandel) in den Teich geben; Silberkarpfen einsetzen, die einen Teil der feinen Algen wegfressen.

• Algen überziehen sämtliche Pflanzenteile unter der Wasseroberfläche mit watteartigen und schleimigen grünen Fäden.
Ursache: Überdüngung, die zu einer explosionsartigen Vermehrung von Faden-, Grün- und Blaualgen geführt hat.
Lösung: wie oben; zusätzlich so oft wie möglich die Algen abfischen; zusätzliche nährstoffzehrende Pflanzen einsetzen.

• Zierfische zeigen weiße Pünktchen oder graue Stellen.
Ursache: Parasitenbefall.
Lösung: pH-Wert und Härte des Wassers testen und gegebenenfalls durch Chemikalien aus dem Zoofachhandel korrigieren; spezielle Heilmittel aus dem Zoofachhandel besorgen und ins Wasser geben.

• Fische haben Wunden und verpilzte Stellen.
Ursache: die Tiere sind mit kleinsten Pilzen (Saprolegnia) infiziert.
Lösung: bei ansonsten gesunden Fischen heilen Verpilzungen in der Regel wieder ab; ändert sich das Krankheitsbild nicht, müssen geeignete Medikamente aus dem Zoofachhandel eingesetzt werden.

• Schwimmblätter von Seerosen, Seekanne usw. zeigen halbkreisförmige oder längliche Fraßstellen.
Ursache: Der Seerosenzünsler (ein kleiner Falter) hat seine Eier auf den Blättern abgelegt, und die Raupen haben die Fraßspuren verursacht; die Larven des Seerosenblattkäfers wurden eingeschleppt.
Lösung: Kleinfische einsetzen, die solche Schädlinge auf natürliche Weise kurz halten; chemische Schädlingsbekämpfungsmittel können nicht verwendet werden.

Wer seinen Gartenteich regelmäßig kontrolliert und vor allem von abgestorbenen Pflanzenteilen befreit, wird nährstoffarmes und damit glasklares Wasser erzielen. Hier sind eine gesunde Flora und Fauna zu Hause

Register

Im FALKEN Verlag sind zahlreiche Titel zum Thema „Do it yourself" erschienen. Sie sind überall erhältlich, wo es Bücher gibt.

Dieses Buch wurde auf chlorfrei gebleichtem und säurefreiem Papier gedruckt.

ISBN 3 8068 1997 1

© 1998 by FALKEN Verlag, 65527 Niedernhausen/Ts.

Umschlaggestaltung: Elisabeth Berthauer
Redaktion: Konrad Haase
Titelbild: Herbert Pohle, Taunusstein
Fotos: Archiv des Autors; **Redaktion „Selbst ist der Mann"**; **Heissner GmbH**, Lauterbach; **Ubbink GmbH**, Hamminkeln; **Oase-Pumpen**, Hörstel
Grafiken: Malcolm Powell, Köln

Die Ratschläge in diesem Buch sind vom Autor und vom Verlag sorgfältig erwogen und geprüft, dennoch kann eine Garantie nicht übernommen werden. Eine Haftung des Autors bzw. des Verlags und seiner Beauftragten für Personen-, Sach- und Vermögensschäden ist ausgeschlossen.

Satz und Umbruch: Hans-Werner Bastian, Weilerswist
Druck: Ernst Uhl, Radolfzell

817 2635 4453 6271